Introduction aux

DROITS FONDAMENTAUX pour les L1

Notions et jurisprudence clés

Julien Raynaud

Maître de conférences en droit privé
à la Faculté de droit de Limoges

Conception graphique couverture : Nathalie FOULLOY
Conception graphique intérieur et mise en pages :
Agathe GALLET DUCAROY

ISBN 9782340-102019

Dépôt légal : mai 2025

© Ellipses Édition Marketing S.A.
8/10 rue la Quintinie 75015 Paris

Le Code de la propriété intellectuelle et artistique n'autorisant, aux termes des alinéas 2 et 3 de l'article L. 122-5, d'une part, que les « copies ou reproductions strictement réservées à l'usage privé du copiste et non destinées à une utilisation collective » et, d'autre part, que les analyses et les courtes citations dans un but d'exemple et d'illustration, « toute représentation ou reproduction intégrale, ou partielle, faite sans le consentement de l'auteur ou de ses ayants droit ou ayants cause, est illicite » (alinéa 1er de l'article L. 122-4).
Cette représentation ou reproduction, par quelque procédé que ce soit, constituerait donc une contrefaçon sanctionnée par les articles L. 335-2 et suivants du Code de la propriété intellectuelle.

www.editions-ellipses.fr

Table des matières

Principales abréviations 7
Avant-propos 9
Introduction 11

Titre 1
La double protection juridictionnelle européenne des droits fondamentaux

Chapitre 1
Le système de la Convention européenne des droits de l'homme 23

Section 1 : Les principes généraux 24
  § 1 Les droits et libertés garantis par la Convention EDH 24
  § 2 Les principes guidant l'interprétation de la Convention EDH ... 28
  § 3 La subsidiarité du mécanisme de protection 37

Section 2 : La procédure juridictionnelle 46
  § 1 Les conditions de recevabilité de la requête 46
  § 2 L'issue de l'examen de la recevabilité 54
  § 3 L'arrêt de la Cour 54
  § 4 Les suites de l'arrêt de la Cour 56

Chapitre 2
Les droits fondamentaux au sein de l'Union européenne 63

Section 1 : La consécration des droits : la Charte des droits fondamentaux de l'UE 65
Section 2 : La garantie des droits par la CJUE 66

Chapitre 3
L'articulation des deux ensembles **73**

Section 1 : La recherche d'une hiérarchie 74
Section 2 : Les influences croisées 76
  § 1 Quand la Cour EDH exploite la Charte des droits
       fondamentaux de l'UE 76
  § 2 Quand la CJUE se fonde sur la jurisprudence de la Cour EDH 78

Titre 2
Théorie générale des droits fondamentaux

Chapitre 1
Les fondements de l'applicabilité des droits fondamentaux **81**

Section 1 : La primauté 82
  § 1 Le principe : la suprématie des droits fondamentaux
       dans la hiérarchie des normes 82
  § 2 La garantie : le contrôle de conventionnalité 82

Section 2 : L'effet direct 91
  § 1 Les critères de l'effet direct 91
  § 2 L'étendue de l'effet direct 93

Section 3 : L'effet horizontal 97

Chapitre 2
Les modalités d'application des droits fondamentaux **101**

Section 1 : La relativité des droits fondamentaux 102
  § 1 Limitation et conciliation des droits fondamentaux 102
  § 2 Respect absolu de la substance de chaque droit fondamental ... 112

Section 2 : Le contrôle des atteintes aux droits fondamentaux 116
  § 1 La méthode suivie par les juridictions européennes 116
  § 2 La méthode suivie par les juridictions nationales 126

Titre 3
Étude de quelques droits fondamentaux

Chapitre 1
La liberté d'expression **145**

Section 1 : L'expression triomphante 146
 § 1 Le sésame du débat d'intérêt général 146
 § 2 La protection de l'humour et de la satire 150
 § 3 Le cumul des deux justifications 153

Section 2 : L'expression sanctionnée 156
 § 1 En cas d'instrumentalisation des droits de l'homme ... 156
 § 2 En cas d'incitation à l'intolérance ou à la discrimination ... 158

Chapitre 2
La liberté de religion **163**

Section 1 : L'admission des symboles chrétiens « passifs » ... 165
Section 2 : Le voile, symbole actif 168
 § 1 Écolières, collégiennes, lycéennes voilées 168
 § 2 Étudiantes voilées 170
 § 3 Enseignantes voilées 172
 § 4 Avocates voilées 172
 § 5 Sportives voilées 174

Section 3 : Plage, piscine et religion musulmane 175
 § 1 L'accès aux plages normalement accordé aux femmes en burkini 175
 § 2 L'activité sportive imposée aux écolières musulmanes ... 177
 § 3 Le règlement des piscines municipales 179

Chapitre 3
Le droit à la protection de la santé **181**

Section 1 : Une valeur affirmée 182
 § 1 Un droit favorable au législateur devant le Conseil constitutionnel 182
 § 2 Un droit contraignant pour les États selon la Cour EDH ... 183

Section 2 : Une effectivité entravée 188
 § 1 Une invocabilité conditionnée 188
 § 2 Une prééminence limitée 194

Ouvrages de référence 201
Index de la jurisprudence 203
Index thématique 207

Principales abréviations

act. : actualité

AJ : Actualité juridique

AJCT : Actualité juridique collectivités territoriales

AJDA : Actualité juridique droit administratif

AJDI : Actualité juridique droit immobilier

alii : autres

ch. : chambre

chron. : chronique

Comm. com. électr. : Revue Communication commerce électronique

Convention EDH : Convention européenne des droits de l'homme

Cour EDH : Cour européenne des droits de l'homme

D. : Recueil Dalloz

Dr. : droit

éd. : édition

Gaz. Pal. : Gazette du Palais

JCP : La semaine juridique, édition générale

JCP éd. E. : La semaine juridique, édition entreprise et affaires

JDI : Journal du droit international

n. : note

obs. : observations

RDI : Revue de droit immobilier

RDLF : Revue des droits et libertés fondamentaux

RDP : Revue de droit public
Rec. : Recueil
Rev. : Revue
RFDA : Revue française de droit administratif
RJE : Revue juridique de l'environnement
RSC : Revue de sciences criminelles
RTDCiv. : Revue trimestrielle de droit civil
RTDE : Revue trimestrielle de droit européen
RTDH : Revue trimestrielle des droits de l'homme
sect. soc. : section sociale
t. : tome
Trib. civ. : Tribunal civil

Avant-propos

Les étudiants en droit suivent généralement un cours de droit européen en L2 et un cours de Libertés publiques et droits fondamentaux en L3. Ces cours sont le plus souvent présentés, et c'est fort logique, dans une perspective de droit public. Pourtant, dès leur première année de droit, les étudiants ont besoin, dans le cadre de leur cours de droit civil (droit des personnes et de la famille), de maîtriser les notions essentielles relatives aux droits et libertés, essentiellement ceux découlant de la Convention européenne des droits de l'homme, et d'en mesurer les applications importantes en droit privé. Le cours d'introduction au droit, au contenu déjà bien chargé, ne peut pas à cet égard fournir tous les outils utiles, d'autant qu'il serait sans doute déraisonnable qu'il s'avère intégralement axé sur la protection des droits fondamentaux.

Sur le fond, ce petit ouvrage[1] ne prétend nullement être un manuel ou un précis : le lecteur ne trouvera pas tout ce qui est classiquement abordé sur telle ou telle question. Le choix a été fait de proposer *une* présentation possible (et synthétique) de la matière, au plus près des besoins d'étudiants de L1, sans prétendre compiler toutes les connaissances existantes ni présenter les subtilités qui relèvent d'un cours de L3 voire de M2. Au fil du texte, figurent des extraits[2] des solutions jurisprudentielles jugées les plus significatives ou pédagogiques pour illustrer le propos. Ces ajouts paraissent essentiels dans une matière aussi casuistique que celle des droits fondamentaux. On espère que les lecteurs gagneront aussi un temps précieux !

Sur la forme, le texte pourra parfois ne pas renvoyer à toutes les références éventuellement exploitées et exploitables. À l'instar du Professeur Philippe Ardant dans son manuel le plus emblématique[3], on précise donc que certaines formules pourraient être utilisées sans mention de paternité ; les auteurs qui se reconnaîtront certainement y verront le signe que leurs écrits sont déjà devenus des classiques.

---

1. Le volume de pages se veut modeste, car les développements (hors extraits de décisions) correspondent à un cours de 18 heures.
2. Dans ces extraits, figureront en gras les passages essentiels.
3. Institutions politiques et droit constitutionnel, LGDJ, 5ᵉ éd. 1993, avant-propos, p. 6.

Introduction

1. – Sans remonter à l'Antiquité, il est possible de commencer en rappelant que pour les théoriciens rationalistes, la liberté des hommes est un don qu'ils tiennent de la nature, parce qu'ils sont des êtres humains (et non des animaux ou des objets)[1]. On rattache cette idée à l'école philosophique du droit naturel : chacun doit disposer d'un certain nombre de droits caractéristiques de la dignité humaine, et cela au nom d'une morale universelle.

Historiquement, les citoyens ont obtenu de l'État qu'il leur octroie de tels droits, ce qui impliquait pour les autorités de renoncer par là même aux excès de pouvoir et aux atteintes aux libertés. Ce tableau ne saurait être idyllique, pour une première raison évidente : ceux qui détiennent le pouvoir sont souvent portés à en abuser, malgré leurs promesses faites au peuple. Mais plus fondamentalement, il faut convenir que les droits individuels ne peuvent pas être illimités ; ils sont soumis aux nécessités relevant de l'intérêt général, qui vont commander, souvent, des restrictions à l'exercice des libertés. Cette idée est fondamentale, et c'est une des missions quotidiennes des tribunaux de déterminer, au gré des litiges, si les circonstances concrètes commandaient bien de restreindre les libertés des individus.

Les citoyens peuvent cependant compter sur une garantie plancher car, en droit, il existe des limites infranchissables. Ces limites ne sont pas toujours bien comprises dans l'opinion publique, ni forcément acceptées par celle-ci. L'exemple de la torture peut être pris. Si chacun a conscience qu'il n'est pas admissible de torturer autrui, ne serait-il pourtant pas utile, dans certains cas extrêmes, de tolérer l'usage de cette barbarie, si cela permet de sauver des vies ? Serait-ce si contraire au droit, à l'intérêt public, de torturer un criminel si cela conduisait à sauver mille innocents ?

---

1. A. Cuvillier, Cours de philosophie, tome 2, éd. A. Colin, 1954, n° 142.

Le droit se refuse en l'occurrence à légitimer des actes relevant de la torture ou de traitements inhumains, et cela quelles que soient les circonstances. La Cour européenne des droits de l'homme doit le rappeler régulièrement. On en donnera deux illustrations.

- Cour EDH 1er juin 2010, Gäfgen contre Allemagne : un kidnappeur d'enfant ne peut pas être menacé de traitement inhumain pendant son interrogatoire par la police, quand bien même il s'agirait de lui faire avouer où est retenu l'enfant[1].

Cour EDH, grande ch., 1er juin 2010, Gäfgen c/Allemagne

94. En ce qui concerne le traitement auquel le requérant a été soumis le 1er octobre 2002, il ne prête pas à controverse entre les parties qu'au cours de l'interrogatoire ce matin-là, l'inspecteur E., sur les instructions du directeur adjoint de la police de Francfort-sur-le-Main, D., menaça le requérant de souffrances intolérables s'il refusait de révéler où se trouvait J. Une technique qui ne laisserait aucune trace serait employée par un policier spécialement entraîné à cette fin et qui était déjà en train de se rendre au commissariat par hélicoptère. (…)

100. Au vu de ce qui précède, la Cour juge établi que, le 1er octobre 2002 au matin, la police a menacé le requérant de souffrances intolérables (…) afin de l'amener à révéler où se trouvait J.

103. S'agissant des effets physiques et mentaux de ce traitement, la Cour observe que le requérant, qui avait d'abord refusé de révéler où se trouvait J., a avoué sous la menace où il avait caché le corps et a continué à fournir des détails sur la mort de J. tout au long de la procédure d'enquête. La Cour estime donc que **les menaces réelles et immédiates de mauvais traitements délibérés et imminents qui ont été proférées à l'adresse du requérant au cours de son interrogatoire doivent passer pour avoir provoqué en lui une peur, une angoisse et des souffrances mentales considérables.** (…)

107. À ce propos, la Cour admet la motivation qui inspirait le comportement des policiers et l'idée qu'ils ont agi dans le souci de sauver la vie d'un enfant. Elle se doit néanmoins de souligner que, eu égard à l'article 3 et à sa jurisprudence constante (…), **l'interdiction des mauvais traitements vaut indépendamment des agissements de la personne concernée ou de la motivation des autorités. La torture ou un traitement**

---
1. Dalloz actualité 16 juin 2010, obs. S. Lavric.

> inhumain ou dégradant ne peuvent être infligés même lorsque la vie d'un individu se trouve en péril. Il n'existe aucune dérogation, même en cas de danger public menaçant la vie de la nation. L'article 3, libellé en termes univoques, reconnaît que **tout être humain a un droit absolu et inaliénable à ne pas être soumis à la torture ou à un traitement inhumain ou dégradant, quelles que soient les circonstances, même les plus difficiles. Le principe** philosophique qui sous-tend le caractère absolu du droit consacré à l'article 3 **ne souffre aucune exception, aucun facteur justificatif et aucune mise en balance d'intérêts**, quels que soient les agissements de la personne concernée et la nature de l'infraction qui pourrait lui être reprochée.
>
> **108.** Compte tenu des éléments pertinents à prendre en compte pour qualifier le traitement infligé au requérant, la Cour estime que **les menaces** réelles et immédiates **proférées** à l'adresse de celui-ci afin de lui extorquer des informations **ont atteint le degré minimum de gravité voulu pour que le comportement litigieux tombe sous le coup de l'article 3.** (...).

- Cour EDH 13 décembre 2012, El-Masri contre ex-République yougoslave de Macédoine : même dans le cadre de la lutte contre le terrorisme islamiste, un État soumis au respect de la Convention européenne des droits de l'homme ne peut pas laisser ses agents pratiquer la torture[1].

2. – Une présentation historique (et simplifiée) des droits de l'homme, tels qu'on les conçoit en droit positif français, conduit à retenir qu'ils ont d'abord été énoncés au XVIIIe siècle, notamment dans la Déclaration des droits de l'homme et du citoyen de 1789. Ce sont les droits dits de la première génération : ils sont pour l'essentiel de nature civile ou politique.

Le texte de 1789 n'a pas été à l'abri de critiques[2]. Il est vrai qu'il semble accorder aux citoyens une oasis de libertés totales, alors que les droits proclamés au bénéfice des uns vont forcément entraver les droits accordés aux autres individus. Les devoirs de chacun sont globalement passés sous silence, ce qui s'explique par le fait qu'il convenait de marquer les esprits, de

---

1. *Cf.* sur le site gdr-elsj.eu l'article de S. Peyrou, Lutte contre le terrorisme et droits fondamentaux : pour la Cour européenne des droits de l'Homme, l'un ne va pas sans l'autre, 21 déc. 2012.
2. Que ce soient celles des marxistes, de l'Église catholique ou des contre-révolutionnaires. *Cf.* D. Connes, Introduction historique aux droits et libertés fondamentaux, *in* R. Bernard-Menoret (dir.), Le grand oral, les droits et libertés fondamentaux, Ellipses, 2e éd. 2020.

proposer une avancée au peuple qui se soulevait. La Déclaration des droits de l'homme mentionne certes l'intervention de la loi pour réglementer les prérogatives nouvelles, mais le simple citoyen ne mesure guère la portée juridique d'une telle réserve.

Les droits de l'homme de 1789 ont néanmoins un mérite indéniable : les droits proclamés sont en eux-mêmes tout à fait réalistes c'est-à-dire que l'État peut facilement les respecter, s'il le veut bien, puisqu'il lui suffit de *s'abstenir* de certains comportements liberticides. Par exemple, cesser les arrestations arbitraires, ne plus pourchasser les hérétiques, ne plus censurer la presse, etc.

3. – Après la seconde Guerre mondiale, les élus (souvent socialistes ou communistes) ont souhaité reconnaître à chacun des droits économiques et sociaux. C'est la deuxième génération des droits de l'homme. On dit qu'ils consistent en des droits-créances, c'est-à-dire qu'ils nécessitent une intervention *positive* de l'État afin d'être concrétisés[1]. Il suffit que l'État y mette la plus mauvaise volonté pour que les droits proclamés restent purement théoriques et illusoires, qu'ils restent à l'état de slogan électoral.

Il ne faudrait pourtant pas en déduire que ces droits de deuxième génération n'ont pas de portée juridique. L'alinéa 5 du préambule de la Constitution de 1946, qui énonce que « chacun a le droit d'obtenir un emploi », constitue un bon exemple : s'il ne permet pas à un chômeur de réclamer un travail à l'État, il autorise en revanche le législateur à restreindre la liberté des entreprises en cas de licenciement économique, ce qui permet de préserver l'emploi.

4. – Les droits de la troisième génération sont plus modernes, il s'agit de droits collectifs dits de solidarité[2] parmi lesquels figurent le droit à la paix, le droit à un environnement sain, le droit à un développement durable, etc. Pour certains auteurs, ces droits sont beaucoup trop vagues. On s'interroge aussi sur l'identité des titulaires de ces droits : tout individu ? chaque État ? l'humanité entière représentée par l'ONU ?

---

1. La règle n'est pas sans nuances ; on songe notamment au droit de grève (*cf. infra* n° 61).
2. *Cf.* D. Rousseau, *in* Rev. interdisciplinaire d'études juridiques 1987/2, p. 19, qui défend l'idée qu'il s'agit bien de droits de l'homme.

Ces droits peuvent au demeurant s'avérer décevants pour les individus, car ils sont surtout à l'origine de devoirs pour ces derniers[1] : devoir préserver l'environnement, devoir réparer les dommages écologiques que l'on a causés, devoir prévenir les atteintes à l'environnement, etc. Il faut cependant concéder que ce sont les droits de cette troisième génération qui donnent actuellement lieu aux décisions les plus retentissantes. L'exemple du droit à un environnement sain paraît ici le plus pertinent.

- Le 5 avril 2018, la Cour suprême de Colombie ordonne à son gouvernement de mettre fin à la déforestation de l'Amazonie, à la suite d'une plainte de vingt-cinq enfants[2].
- Le 20 décembre 2019, la Cour suprême des Pays-Bas, dans l'affaire Urgenda[3], confirme l'obligation de l'État (néerlandais) de réduire les émissions de gaz à effet de serre, en se fondant en l'espèce sur la Convention européenne des droits de l'homme (articles 2 et 8)[4].
- Le 29 avril 2021, la Cour constitutionnelle allemande rend une décision historique en matière climatique[5] : elle décide que le législateur allemand doit prendre des mesures dans ce domaine, et cela même dans le cas où les autres États demeureraient passifs.
- Le 26 mai 2021, un juge néerlandais[6] ordonne à l'entreprise Shell de réduire ses émissions de CO_2 de 45 %. Une juridiction adresse ainsi une injonction à une entreprise *privée* en matière environnementale.
- Le 4 août 2021, le Conseil d'État (français) condamne l'État pour son inaction contre les émissions de gaz à effet de serre dans l'affaire dite Les amis de la Terre[7] : l'État doit verser 10 millions d'euros à des établissements surveillant la qualité de l'air.

---

1. *Cf.* articles 2, 3 et 4 de la Charte de l'environnement de 2004. En droit comparé, on peut citer la Constitution du Montana, qui prévoit que l'État *et tout individu* doivent maintenir et améliorer un environnement propre et sain.
2. *Cf.* M. Torre-Schaub, The conversation (en ligne) 20 mai 2018.
3. Rec. Dalloz 2020 p. 1012, obs. V. Monteillet et G. Leray.
4. Respectivement le droit à la vie, et la protection de la vie privée et du domicile (dont on déduit le droit à un environnement sain).
5. *Cf.* sur le site actu-environnment.com, C. Lepage, La portée universelle de la décision de la Cour constitutionnelle de Karlsruhe du 29 avril 2021.
6. Rec. Dalloz 2021 p. 1968, chron. A.-M. Ilcheva. La Cour d'appel de La Haye, le 12 novembre 2024, a cependant renversé l'issue du litige : cf. J. Rochfeld, Le Club des juristes, 25 nov. 2024.
7. *Cf.* M. Gkegka, Le contentieux environnemental devant le juge administratif de l'excès de pouvoir, RDP 2024, n° 3, p. 85. En l'espèce, il s'agit de contraindre l'État à respecter la directive européenne du 21 mai 2008 relative à la pollution de l'air.

- Le 27 octobre 2023, le Conseil constitutionnel précise que l'action du législateur se trouve contrainte par le droit à un environnement respectueux de la santé, et cela afin de ne pas compromettre les droits des générations futures[1].

CC 27 oct. 2023, Association Meuse nature environnement

4. L'article 1er de la Charte de l'environnement dispose que « Chacun a le droit de vivre dans un environnement équilibré et respectueux de la santé ».

5. Aux termes du septième alinéa du préambule de la Charte de l'environnement, « afin d'assurer un développement durable, les choix destinés à répondre aux besoins du présent ne doivent pas compromettre la capacité des générations futures et des autres peuples à satisfaire leurs propres besoins ».

6. Il découle de l'article 1er de la Charte de l'environnement éclairé par le septième alinéa de son préambule que, **lorsqu'il adopte des mesures susceptibles de porter une atteinte grave et durable à un environnement équilibré et respectueux de la santé, le législateur doit veiller à ce que les choix destinés à répondre aux besoins du présent ne compromettent pas la capacité des générations futures et des autres peuples à satisfaire leurs propres besoins, en préservant leur liberté de choix à cet égard.**

7. Les limitations apportées par le législateur à l'exercice du droit de vivre dans un environnement équilibré et respectueux de la santé doivent être liées à des exigences constitutionnelles ou justifiées par un motif d'intérêt général et proportionnées à l'objectif poursuivi.

- Le 9 avril 2024, la Cour européenne des droits de l'homme estime dans un arrêt de 250 pages que la carence d'un État (en l'espèce la Suisse) en matière climatique constitue une atteinte aux droits de l'homme,

---

1. CC 27 oct. 2023, Association Meuse nature environnement, JCP 2023 p. 2156, note J. Rochfeld et L. Fontbaustier.

l'article 8 de la Convention EDH englobant, selon la Cour, un droit pour les individus à une protection effective contre les effets néfastes du changement climatique sur leur santé et leur qualité de vie[1].

Cour EDH, 9 avr. 2024, Verein Klimaseniorinnen Schweiz c/Suisse

544. (...) la Cour a déjà dit, il y a longtemps, que le champ de la protection assurée par l'article 8 de la Convention s'étend aux effets négatifs que des dommages ou risques de dommages environnementaux d'origines diverses entraînent sur la santé, le bien-être et la qualité de vie des personnes. De même, **la Cour déduit de l'article 8 l'existence d'un droit pour les individus de bénéficier de la protection effective des autorités de l'État contre les effets négatifs graves sur leur vie, leur santé, leur bien-être et leur qualité de vie qui résultent des conséquences et risques néfastes liés au changement climatique** (...).

545. En conséquence, l'obligation que l'article 8 impose à l'État est d'accomplir sa part afin d'assurer cette protection. À cet égard, **le devoir primordial de l'État est d'adopter, et d'appliquer effectivement et concrètement, une réglementation et des mesures aptes à atténuer les effets actuels et futurs, potentiellement irréversibles, du changement climatique.** Cette obligation découle du lien de causalité existant entre le changement climatique et la jouissance des droits garantis par la Convention (...).

548. Il découle de ces considérations que **le respect effectif des droits protégés par l'article 8 de la Convention exige de chaque État contractant qu'il prenne des mesures en vue d'une réduction importante et progressive de ses niveaux d'émission de gaz à effet de serre**, aux fins d'atteindre la neutralité nette, en principe au cours des trois prochaines décennies. À cet égard, pour que les mesures soient efficaces, les pouvoirs publics sont tenus d'agir en temps utile et de manière appropriée et cohérente (...).

---

[1]. Cour EDH 9 avr. 2024, Verein Klimaseniorinnen Schweiz et autres c/Suisse, Rev. Énergie Environnement 2024, étude 16, par C. Lepage ; Dalloz actualité 24 avr. 2024, obs. M. de Ravel d'Esclapon.

5. – Les dernières évolutions technologiques conduisent à dégager une quatrième génération de droits, liés essentiellement au monde numérique et à la bioéthique. Ils sont plus effrayants que ceux de la troisième génération, qui étaient tournés vers la paix ; ils font peut-être perdre aux individus leur humanité, au lieu d'œuvrer pour la protection de la planète. La liste de ces droits ultimes, qui pour certains ne sont que des prolongements de prérogatives déjà existantes, est encore en construction[1] : droit à disposer d'une identité numérique, droit à bénéficier d'une assistance médicale à la procréation, demain un droit à disposer d'un clone pour changer de pièces détachées[2] ?, etc.

Quoi qu'il en soit, cette classification par générations de droits n'est pas vraiment satisfaisante. Elle génère des hiatus qui la fragilisent fortement. D'une part, des textes de première importance mettent clairement à l'épreuve la typologie. On songe surtout à la Convention européenne des droits de l'homme, signée au sortir de la seconde guerre mondiale (période de proclamation des droits sociaux) et qui consacre avant tout des droits civils et politiques. D'autre part, les juges qui interprètent les textes relevant de la première génération de droits peuvent très bien en dégager des prérogatives relevant de la quatrième génération ! Ainsi, pour ne prendre que cet exemple, le Conseil constitutionnel estime en 2009 que la libre communication des pensées et opinions (inscrite à l'article 11 de la Déclaration de 1789) implique « en l'état actuel des moyens de communication » la liberté d'accéder à internet[3].

6. – Au-delà des critiques formulées contre le classement par générations de droits, c'est le terme « droits de l'homme » lui-même qui a été contesté, en ce qu'il désigne des prérogatives parfaitement utopistes dans certains pays, ce qui démontre le défaut de juridicité du label. Les droits de l'homme relèveraient de l'incantation, ne s'inscriraient pas dans le réel. Pour cette raison, les juristes préfèrent désormais la qualification de « droits fondamentaux[4] »

---

1. Selon de nombreux auteurs, l'utilité de cette quatrième catégorie est douteuse. *Cf.* par exemple M. Levinet, Théorie générale des droits et libertés, Bruylant, 3ᵉ éd. 2010, p. 108.
2. Le propos est ici provocateur, car les instruments européens actuels consacrent bien au contraire l'interdiction absolue du clonage humain (Protocole additionnel à la Convention d'Oviedo).
3. CC 10 juin 2009, Rec. Dalloz 2009, p. 2045, chron. L. Marino.
4. Est à cet égard révélateur le titre de l'ouvrage du juge belge à la Cour EDH, Frédéric Krenc : Une Convention et une Cour pour les droits fondamentaux, la démocratie et l'état de droit en Europe, éd. Anthemis, 2023.

(de la personne humaine, cela est sous-entendu). Issu du droit allemand[1], le terme présente l'avantage d'être non genré mais aussi transparent par rapport aux *fundamental rights* américains.

Les droits fondamentaux désignent tous les droits et libertés[2] consacrés au niveau constitutionnel ou supranational[3] (essentiellement européen pour la France). Le catalogue de ces droits varie ainsi d'un État à l'autre, et aussi d'une date à l'autre en fonction des ratifications de traités ou des modifications constitutionnelles. C'est pourquoi les droits fondamentaux en France en 2024 divergent des droits fondamentaux en Italie en 2014, etc. Cette terminologie présente l'intérêt indéniable de faire référence à l'ensemble des droits et libertés juridiquement applicables à une date donnée dans un système juridique donné, et non plus à des droits de l'homme universels mais idéaux, issus du droit naturel.

On adoptera donc cette expression dans le plan de l'ouvrage : le droit français se trouve soumis à une double protection juridictionnelle européenne[4] des droits fondamentaux (**Titre 1**) et il est possible d'esquisser une théorie générale des droits fondamentaux (**Titre 2**), avant d'examiner son application pratique à quelques-uns d'entre eux (**Titre 3**).

---

1. C'est le professeur Michel Fromont qui a été « le passeur » du concept de droits fondamentaux en France (selon l'expression de F. Mélin-Soucramanien).
2. La distinction droit/liberté n'a qu'un intérêt doctrinal : « aucun texte ni aucun juge ne différencient les deux formules » (X. Bioy, Droits fondamentaux et libertés publiques, LGDJ, 6ᵉ éd. 2020, n° 149).
3. Il faut ainsi « un degré hiérarchique élevé de normativité », associé en outre à une protection juridictionnelle spécifique : O. Desaulnay, La fondamentalité des droits et libertés, *in* R. Bernard-Menoret (dir.), op. cit., p. 25.
4. Le propos se voulant privatiste, le choix a été fait de ne pas intégrer dans le plan la protection des droits fondamentaux par les juges constitutionnel et administratif (notion étudiée en droit public en L1, L2 et L3). Mais cette protection sera prise en compte dans le Titre 2.

Titre 1
La double protection juridictionnelle européenne des droits fondamentaux

7. – L'Europe renvoie, en premier réflexe, à l'Union européenne (UE) et à ses différentes institutions : la Commission de Bruxelles, le Parlement européen de Strasbourg, notamment. Cette Europe des 27 n'a, à l'origine, pas grand rapport avec les droits de l'homme puisqu'elle consiste historiquement en une union marchande, même si elle s'est quand même construite pour éviter une énième guerre entre la France et l'Allemagne, donc pour garantir la paix.

En droit, il existe une autre Europe, plus vaste, celle du Conseil de l'Europe, qui est une organisation internationale dont la vocation principale consiste à garantir les droits de l'homme : c'est le système de la Convention européenne des droits de l'homme, avec à sa tête la Cour du même nom[1]. On examinera prioritairement ce système conventionnel (**Chapitre 1**), avant de présenter plus brièvement la protection des droits fondamentaux au sein de l'Union européenne (**Chapitre 2**). L'articulation de ces deux ensembles pourra alors être précisée (**Chapitre 3**).

---

1. *Cf.* J. Andriantsimbazovina, La Cour européenne des droits de l'Homme, éd. Dalloz, 2024.

Chapitre 1
Le système de la Convention européenne des droits de l'homme

8. – On désigne par là un vaste ensemble de 46 pays, qui ont ratifié la Convention de sauvegarde des droits de l'homme et des libertés fondamentales (en abrégé Convention EDH, ou CEDH), traité signé en 1950, ainsi que ses différents Protocoles additionnels. Parmi ces 46 États parties, on trouve les 27 États membres de l'UE, mais plus généralement tous les pays situés sur le continent européen proprement dit, aussi petits soient-ils (Andorre, Saint-Marin, Monaco). La Turquie a également adhéré à la Convention EDH mais ce pays n'est pas le meilleur élève. Quant à la Russie, elle n'aura fait partie du système que de 1998 à 2022 (elle concentrait cependant près d'un tiers des affaires soumises à la Cour européenne des droits de l'homme).

On distinguera quelques principes généraux (**Section 1**), de la procédure juridictionnelle (**Section 2**).

Section 1
Les principes généraux

9. – L'intérêt immédiat de la Convention européenne et de ses Protocoles consiste à formuler un certain nombre de droits et libertés (**§ 1**) qui vont pouvoir être invoqués par tout individu, sans condition de nationalité. Ce potentiel est accentué par l'interprétation dynamique délivrée par la Cour européenne (**§ 2**), tout en étant limité – en apparence au moins – en raison du caractère subsidiaire du mécanisme de protection mis en place (**§ 3**).

§ 1 Les droits et libertés garantis par la Convention EDH

10. – La Convention et ses Protocoles additionnels garantissent essentiellement des droits de la première génération, c'est-à-dire des droits civils et politiques. D'autres traités, comme la Charte sociale européenne, regroupent les droits sociaux de la deuxième génération. Cette distinction n'est pas si étanche : par exemple, l'article 11 de la Convention EDH garantit la liberté d'association, droit de la première génération, mais en l'étendant à la libre affiliation syndicale, qui est un droit de la deuxième génération.

Au sein des droits consacrés par la Convention EDH et ses Protocoles, on distingue les droits intangibles (**A-**) des droits conditionnels (**B-**).

A. Les droits dits intangibles

11. – Ce sont des droits qui doivent être respectés en toutes circonstances, sans dérogation possible, quand bien même un État partie aurait déclaré l'état d'urgence. Ils sont au nombre de cinq :

- Le droit à la vie (art. 2)
- Le droit de ne pas être torturé et de ne pas subir de traitement inhumain ou dégradant (art. 3)
- Le droit de ne pas être placé en esclavage et de ne pas être astreint à un travail forcé (art. 4)

- Le droit de ne pas être poursuivi deux fois pour les mêmes faits (art. 4 du Protocole n° 7)
- Le droit de ne pas être poursuivi pénalement pour des faits qui n'étaient pas condamnables lorsqu'ils ont été commis (art. 7)

On s'en tiendra à quelques précisions sur les deux premiers.

12. – L'article 2 qui protège le droit à la vie n'interdit pas aux forces de police de recourir à la force meurtrière lorsqu'elles sont visées. Cette solution suppose de s'assurer que les autorités n'ont pas riposté au-delà du strict nécessaire[1]. L'article 2 n'interdit pas non plus à un État partie de légaliser l'euthanasie[2].

Cour EDH 4 oct. 2022, Mortier c/Belgique

115. La Cour n'a encore jamais statué sur la question qui fait l'objet de la présente requête. Il s'agit en effet de la première affaire dans laquelle la Cour est amenée à examiner la conformité à la Convention d'une euthanasie qui a été pratiquée. Elle estime dès lors nécessaire de clarifier la nature et l'étendue des obligations d'un État au regard de l'article 2 de la Convention dans ce contexte avant d'examiner le respect de ces obligations dans le cas d'espèce. (...)

116. La Cour rappelle que **la première phrase du paragraphe 1 de l'article 2**, qui se place parmi les articles primordiaux de la Convention en ce qu'il consacre l'une des valeurs fondamentales des sociétés démocratiques qui forment le Conseil de l'Europe, **impose à l'État** l'obligation non seulement de s'abstenir de donner la mort « intentionnellement » (obligation négative), mais aussi **de prendre les mesures nécessaires à la protection de la vie des personnes relevant de sa juridiction** (obligation positive) (...).

117. Cette obligation positive matérielle implique pour l'État un devoir primordial d'assurer le droit à la vie en mettant en place un cadre législatif et administratif dissuadant de mettre en péril ledit droit. (...).

---

1. Ainsi, il n'est pas forcément nécessaire pour des garde-côtes de tirer des coups de feu sur un bateau de migrants au large de la Grèce : Cour EDH 16 janv. 2024, Alkhatib c/Grèce.
2. Cour EDH 4 oct. 2022, Mortier c/Belgique, Dalloz actualité étudiant 7 nov. 2022, obs. C. Lacroix.

> **123.** La Cour a relevé qu'il n'y avait pas de consensus entre les États contractants pour permettre l'arrêt d'un traitement maintenant artificiellement la vie, même si une majorité d'États semblaient l'autoriser. Dans ce contexte, elle a indiqué que, bien que les modalités encadrant l'arrêt du traitement fussent variables d'un État à l'autre, il **existait toutefois un consensus sur le rôle primordial de la volonté du patient dans la prise de décision**, quel qu'en fût le mode d'expression (…).
>
> **124.** Enfin, la Cour rappelle que la dignité et la liberté de l'homme sont l'essence même de la Convention (…). Sur le terrain de l'article 8 de la Convention en particulier, où la notion d'autonomie personnelle reflète un principe important qui sous-tend l'interprétation des garanties de cette disposition, la sphère personnelle de chaque individu est protégée (…). **Le droit pour une personne de choisir la manière et le moment de la fin de sa vie, pourvu qu'elle soit en mesure de former librement sa volonté à ce propos et d'agir en conséquence, est l'un des aspects du droit au respect de sa vie privée au sens de l'article 8 de la Convention** (…).
>
> **135.** (…) la Cour a indiqué ne pas pouvoir exclure que le fait d'empêcher par la loi une personne d'exercer son choix d'éviter ce qui, à ses yeux, constituera une fin de vie indigne et pénible, représente une atteinte au droit de l'intéressée au respect de sa vie privée, au sens de l'article 8 § 1 de la Convention (…).
>
> **138.** (…) la Cour estime que, **s'il n'est pas possible de déduire de l'article 2 de la Convention un droit de mourir** (…), **le droit à la vie consacré par cette disposition ne saurait être interprété comme interdisant en soi la dépénalisation conditionnelle de l'euthanasie.**
>
> **139.** Pour être compatible avec l'article 2 de la Convention, la dépénalisation de l'euthanasie doit être encadrée par la mise en place de garanties adéquates et suffisantes visant à éviter les abus et, ainsi, à assurer le respect du droit à la vie. (…)

L'interdiction de la peine de mort (en temps de paix) a d'abord été retenue par la Cour européenne[1], avant d'être consacrée (même en temps de guerre) par le Protocole n° 13 à la Convention[2].

---

1. Cour EDH 12 mars 2003, Öcalan c/Turquie, § 196 (approuvé par l'arrêt de grande chambre du 12 mai 2005 dans la même affaire).
2. *Cf.* L. Burgorgue-Larsen, La Convention européenne des droits de l'homme, LGDJ, 3ᵉ éd. 2019, p. 54.

13. – S'agissant de l'interdiction des traitements inhumains, posée par l'article 3, la Cour EDH a eu l'occasion de retenir que les coups de fouet prévus par le Code pénal iranien (en cas de vol, par exemple) constituaient une peine inhumaine. Un État ayant ratifié la Convention européenne ne peut donc pas extrader vers l'Iran l'un de ses ressortissants inculpé de vol dans ce pays[1]. De même, il n'est pas possible aux États parties d'extrader vers la Chine, compte tenu des conditions d'incarcération qui y sont constatées[2].

B. Les droits conditionnels

14. – Ce sont tous les autres droits garantis par la Convention EDH et ses Protocoles. En ce qui les concerne, les États peuvent les restreindre en période exceptionnelle, mais plus largement en période normale chaque fois que l'intérêt général ou les droits d'autrui le commandent. Formellement, le caractère conditionnel d'un droit se remarque souvent dans le paragraphe 2 de l'article consacrant ce droit. Par exemple, l'article 9, paragraphe 1, garantit la liberté de religion, mais le paragraphe 2 de cet article indique que la liberté de manifester sa religion peut être restreinte quand cela est nécessaire à la protection d'intérêts publics ou des libertés d'autrui[3]. Les articles 8, 10 et 11 obéissent à la même présentation.

> **Article 8 de la Convention EDH –
> Droit au respect de la vie privée et familiale**
>
> **1.** Toute personne a droit au respect de sa vie privée et familiale, de son domicile et de sa correspondance.
>
> **2.** Il ne peut y avoir ingérence d'une autorité publique dans l'exercice de ce droit que pour autant que cette ingérence est prévue par la loi et qu'elle constitue une mesure qui, dans une société démocratique, est nécessaire à la sécurité nationale, à la sûreté publique, au bien-être économique du pays, à la défense de l'ordre et à la prévention des infractions pénales, à la protection de la santé ou de la morale, ou à la protection des droits et libertés d'autrui.

---

1. Cour EDH 4 avril 2019, G.S. c/Bulgarie.
2. Cour EDH 6 oct. 2022, Liu c/Pologne.
3. *Cf.* n° 117s.

§ 2 Les principes guidant l'interprétation de la Convention EDH

15. – L'interprétation officielle de la Convention et de ses Protocoles additionnels relève de la Cour européenne des droits de l'homme (Cour EDH), juridiction permanente qui siège à Strasbourg. Celle-ci a entrepris de faire en sorte que les droits proclamés dans la Convention soient des prérogatives « concrètes et effectives », et non pas « théoriques et illusoires ». La Cour s'assure ainsi que la Convention possède un effet utile[1] et elle ne cache pas que ses décisions servent aussi à « développer les normes de la Convention et à contribuer de la sorte au respect, par les États, des engagements qu'ils ont assumés en leur qualité de Parties contractantes[2] ».

La Cour a aussi à cœur d'adopter une interprétation évolutive de la Convention. Elle entend adapter les termes de la Convention à l'évolution des mœurs et de la société. C'est pourquoi la Cour indique souvent dans ses décisions que la Convention est « un instrument vivant, qui doit s'interpréter à la lumière des conditions d'aujourd'hui[3] ». Face à cette interprétation de la Cour, les États ne peuvent pas faire valoir leurs traditions nationales, et cela pour deux motifs principaux : ils vont devoir s'aligner sur les règles qui tendent à former un dénominateur commun européen (**A-**) et ils se verront en outre imposer le caractère autonome des concepts mentionnés dans la Convention (**B-**). Les États ont aussi découvert que pouvaient être mises à leur charge des obligations positives (**C-**).

A. La prise en compte d'un dénominateur commun européen

16. – La Cour européenne s'autorise à opposer à un État, le cas échéant très conservateur, les législations progressistes existant dans d'autres pays ayant ratifié la Convention EDH. Ces législations mises bout à bout forment un dénominateur commun européen c'est-à-dire un consensus sur certaines règles qui va conduire à juger rétrograde, dépassée, la législation isolée de

---

1. À la différence par exemple de la Déclaration universelle des droits de l'homme, qui ne fixe qu'un idéal à atteindre.
2. Cour EDH 18 janv. 1978, Irlande c/Royaume-Uni, § 154.
3. V. par exemple Cour EDH 13 juin 1979, Marckx c/Belgique, § 41, *in* Grands arrêts de la Cour européenne des droits de l'homme, PUF, 10ᵉ éd. 2022, n° 51, obs. A. Gouttenoire.

l'État attaqué devant la Cour. Cependant, cette approche n'est pas utilisée dans les matières relevant de vrais choix de société ou de questions éthiques délicates. Ce sont des domaines en effet où il est admis qu'un État puisse, seul contre tous, avoir une législation particulière. C'est le cas pour l'interdiction du mariage homosexuel ou pour l'interdiction de l'avortement[1]. De même, si dans une matière il existe de profondes divergences entre les États soumis à la Convention, la Cour respectera le choix effectué sur cette question de société par l'État attaqué. C'est ce qui explique, au moins en partie, que la France n'ait pas été condamnée pour avoir interdit le port de la burqa[2] dans l'espace public : Cour EDH 1er juillet 2014, S.A.S. c/France[3].

Cour EDH 1er juill. 2014, S.A.S. c/France

129. Il faut (...) rappeler le rôle fondamentalement subsidiaire du mécanisme de la Convention. Les autorités nationales jouissent d'une légitimité démocratique directe et, ainsi que la Cour l'a affirmé à maintes reprises, se trouvent en principe mieux placées que le juge international pour se prononcer sur les besoins et contextes locaux. Lorsque des questions de politique générale sont en jeu, sur lesquelles de profondes divergences peuvent raisonnablement exister dans un État démocratique, il y a lieu d'accorder une importance particulière au rôle du décideur national (...). Il en va en particulier ainsi lorsque ces questions concernent les rapports entre l'État et les religions (...). S'agissant de l'article 9 de la Convention, il convient alors, en principe, de reconnaître à l'État une ample marge d'appréciation pour décider si et dans quelle mesure une restriction au droit de manifester sa religion ou ses convictions est « nécessaire ». Cela étant, **pour déterminer l'ampleur de la marge d'appréciation dans une affaire donnée, la Cour doit** également tenir compte de l'enjeu propre à l'espèce (...). Elle peut aussi, le cas échéant, **prendre en considération le consensus et les valeurs communes qui se dégagent de la pratique des États parties à la Convention** (...).

---

1. Respectivement : Cour EDH 24 juin 2010, Schalk et Kopf c/Autriche, et Cour EDH 16 déc. 2010, A. B. et C. c/Irlande.
2. La burqa, qui suppose une grille ou un voile devant les yeux, n'est guère portée en France. Le législateur visait en réalité le niqab, voile intégral qui laisse les yeux visibles (mais le reste du visage est dissimulé).
3. Revue des droits et libertés fondamentaux (en ligne) 2014, chron. 23, obs. K. Blay-Grabarczyk. Pour une analyse de la justification tirée du « vivre ensemble », cf. L. Burgorgue-Larsen, op. cit., p. 152.

153. (…) certes, comme le souligne la requérante, en interdisant à chacun de revêtir dans l'espace public une tenue destinée à dissimuler son visage, **l'État défendeur** restreint d'une certaine façon le champ du pluralisme, dans la mesure où l'interdiction fait obstacle à ce que certaines femmes expriment leur personnalité et leurs convictions en portant le voile intégral en public. Il **indique** cependant de son côté **qu'il s'agit pour lui de répondre à une pratique qu'il juge incompatible, dans la société française, avec les modalités de la communication sociale et, plus largement, du « vivre ensemble ».** Dans cette perspective, l'État défendeur entend protéger une modalité d'interaction entre les individus, essentielle à ses yeux pour l'expression non seulement du pluralisme, mais aussi de la tolérance et de l'esprit d'ouverture, sans lesquels il n'y a pas de société démocratique (…). Il **apparaît** ainsi **que la question de l'acceptation ou non du port du voile intégral dans l'espace public constitue un choix de société.**

154. Or, dans un tel cas de figure, **la Cour se doit de faire preuve de réserve dans l'exercice de son contrôle de conventionnalité dès lors qu'il la conduit à évaluer un arbitrage effectué selon des modalités démocratiques au sein de la société en cause.** Elle a du reste déjà rappelé que, **lorsque des questions de politique générale sont en jeu,** sur lesquelles de profondes divergences peuvent raisonnablement exister dans un État démocratique, **il y a lieu d'accorder une importance particulière au rôle du décideur national** (paragraphe 129 ci-dessus).

155. En d'autres termes, la France disposait en l'espèce d'une ample marge d'appréciation.

156. Il en va d'autant plus ainsi qu'il n'y a pas de communauté de vue entre les États membres du Conseil de l'Europe (…) sur la question du port du voile intégral dans l'espace public. (…) Il apparaît ainsi qu'il n'y a en Europe aucun consensus en la matière, que ce soit pour ou contre une interdiction générale du port du voile intégral dans l'espace public.

157. En conséquence, notamment **au regard de l'ampleur de la marge d'appréciation dont disposait l'État défendeur en l'espèce, la Cour conclut que l'interdiction que pose la loi du 11 octobre 2010 peut passer pour proportionnée au but poursuivi, à savoir la préservation des conditions du « vivre ensemble »** en tant qu'élément de la « protection des droits et libertés d'autrui ».

158. La restriction litigieuse peut donc passer pour « nécessaire », « dans une société démocratique ». Cette conclusion vaut au regard de l'article 8 de la Convention comme de l'article 9.

159. Partant, **il n'y a eu violation ni de l'article 8 ni de l'article 9 de la Convention.**

De manière analogue, la loi française du 13 avril 2016 qui a fait le choix de pénaliser les clients des prostitué(e)s n'a pas été sanctionnée par la Cour européenne. Cette décision du législateur est respectée, malgré l'atteinte à la vie privée et à la liberté sexuelle, au vu de l'absence de consensus entre les États sur la question morale de la prostitution : Cour EDH 25 juillet 2024, M.A. et autres c/France[1].

Cour EDH 25 juill. 2024, M.A. et autres c/France

Sur la nécessité de l'ingérence dans une société démocratique

146. La Cour relève d'emblée que les parties s'accordent quant à l'importance de lutter contre les réseaux prostitutionnels et de traite des êtres humains. Elles ne contestent pas davantage le fait que **les relations sexuelles librement consenties relèvent de la notion de la vie privée et de celle de l'autonomie personnelle prévue par l'article 8 de la Convention**. Ainsi, la Cour note que l'essentiel du débat entre les parties se situe sur le terrain de la marge d'appréciation dont l'État bénéficie dans le domaine considéré et sur les conséquences négatives et disproportionnées qu'une telle mesure aurait entraînées pour les requérants. C'est donc sur cette base qu'elle procédera à son examen.

147. La Cour rappelle que, pour se prononcer sur l'ampleur de la marge d'appréciation qui doit être reconnue à l'État dans une affaire soulevant des questions au regard de l'article 8, il y a lieu de prendre en compte un certain nombre de facteurs. Lorsqu'un aspect particulièrement important de l'existence ou de l'identité de l'individu se trouve en jeu, la marge laissée à l'État est d'ordinaire restreinte (...). En revanche, **lorsqu'il n'y a pas de consensus au sein des États membres du Conseil de l'Europe, que ce soit sur l'importance relative de l'intérêt en jeu ou sur les meilleurs moyens de le protéger, en particulier lorsque l'affaire soulève des questions morales ou éthiques délicates, la marge d'appréciation est plus large** (...). Grâce à leurs contacts directs et constants avec les forces vives de leur pays, les autorités de l'État se trouvent en principe mieux placées que le juge international pour se prononcer non seulement sur le « contenu précis des exigences de la morale » mais aussi sur la nécessité d'une restriction destinée à y répondre. Enfin, la Cour rappelle que la marge d'appréciation dont

---

1. Dalloz actualité 11 sept. 2024, obs. B. Nicaud.

dispose l'État défendeur est de façon générale ample lorsqu'il doit ménager un équilibre entre des intérêts privés et publics concurrents ou différents droits protégés par la Convention (...).

149. La Cour a déjà eu l'occasion de relever que **les problématiques liées à la prostitution soulèvent des questions morales et éthiques très sensibles, qui donnent lieu à des opinions divergentes, souvent conflictuelles,** notamment sur le point de savoir si la prostitution en tant que telle peut être consentie ou si, au contraire, elle résulte toujours d'une forme d'exploitation recourant à la contrainte (...).

152. La Cour observe que le recours à la pénalisation générale et absolue de l'achat d'actes sexuels en tant qu'instrument de lutte contre la traite des êtres humains fait actuellement l'objet de vifs débats suscitant de profondes divergences (...).

153. Dès lors, elle considère qu'**il y a lieu d'accorder à l'État défendeur une ample marge d'appréciation dans ce domaine.** Cela étant, cette marge d'appréciation n'est pas illimitée et il incombe à la Cour d'examiner les arguments dont le législateur a tenu compte pour parvenir aux solutions qu'il a retenues ainsi que de rechercher si un juste équilibre a été ménagé entre les intérêts de l'État et ceux des individus directement touchés par les solutions en question (...).

159. (...) **La Cour rappelle** également **qu'elle n'a pas à substituer sa propre appréciation à celle des autorités nationales compétentes sur le choix de la politique la plus appropriée pour encadrer la pratique prostitutionnelle.** Il s'agit plutôt de déterminer si, en mettant en balance, comme elles l'ont fait, les intérêts en jeu, les autorités françaises sont restées dans les limites de l'ample marge d'appréciation dont elles jouissaient en la matière (...).

166. Eu égard à l'ensemble des considérations qui précèdent, la Cour estime (...) que **les autorités françaises ont ménagé un juste équilibre entre les intérêts concurrents en jeu**, et que l'État défendeur n'a pas outrepassé la marge d'appréciation dont il disposait. **Il s'ensuit qu'il n'y a pas eu violation de l'article 8 de la Convention.**

B. Le caractère autonome des concepts de la Convention

17. – Pour amplifier la portée de la protection des droits fondamentaux, la Cour invoque parfois le caractère autonome des concepts utilisés dans le texte de la Convention. Par exemple, la « vie privée » garantie par l'article 8 pourra ne pas correspondre exactement à ce qui relève de la vie privée dans le droit positif de l'État attaqué. Cet État aura intérêt à s'aligner sur la conception européenne, s'il veut éviter les condamnations à Strasbourg. De même, la Cour développe sa propre conception du procès équitable (article 6), ambitieuse et lourde de conséquences, là où certains États auraient sans doute espéré pouvoir limiter la portée de leurs obligations en la matière[1].

Au total, le texte européen peut s'avérer pour les États beaucoup plus contraignant que ce qu'ils avaient imaginé en ratifiant le texte. C'est encore plus frappant lorsque la Cour juge que telle ou telle disposition commande que l'État adopte des mesures positives.

C. La théorie des obligations positives

18. – Le caractère contraignant de la Convention se trouve accentué chaque fois que la Cour exige d'un État qu'il adopte des mesures positives pour garantir un droit. C'est la théorie des obligations positives, selon laquelle afin de respecter un droit protégé par la Convention EDH, les États parties ne doivent pas se contenter de rester passifs, c'est-à-dire de ne pas l'attaquer, ils doivent en outre prendre des mesures permettant de rendre ce droit effectif. Par exemple, pour respecter l'article 8 qui garantit le secret des correspondances, les États doivent non seulement ne pas s'immiscer dans les correspondances privées (obligation négative[2]), mais ils doivent aussi, positivement, permettre aux individus de correspondre. Ainsi, un État doit, au nom de l'article 8, fournir des timbres aux détenus qui souhaiteraient dénoncer leurs conditions de détention à la Cour EDH : Cour EDH 24 février 2009, Gagiu c/Roumanie.

---

1. V. plus généralement G. Scoffoni, *in* L. Favoreu et *alii*, Droit des libertés fondamentales, 8ᵉ éd. Dalloz 2021, n° 591. Sur le domaine d'application « en constante augmentation » du droit à un procès équitable : Y. Strickler, *in* Libertés et droits fondamentaux, Dalloz, 26ᵉ éd. 2020, n° 715s.
2. Par exemple, les citoyens ne doivent pas être mis sur écoute par l'administration (sauf pour un motif d'ordre public prévu par la loi).

Cour EDH 24 févr. 2009, Gagiu c/Roumanie

87. Le Gouvernement (…) considère qu'il n'y a pas eu d'ingérence dans le droit du requérant au respect de sa correspondance avec la Cour.

88. La Cour rappelle que l'article 8 de la Convention n'oblige pas les États à supporter les frais d'affranchissement de toute la correspondance des détenus. Toutefois, un problème pourrait surgir si, faute de moyens financiers, la correspondance d'un détenu était sérieusement entravée de ce fait (…).

89. En l'espèce, la Cour note que le requérant allègue qu'il n'avait aucun moyen ou aide et qu'il était obligé, dans la prison d'Aiud, de vendre à d'autres détenus une partie de sa nourriture pour pouvoir s'acheter notamment les timbres nécessaires à sa correspondance avec la Cour. Contrairement aux affirmations du Gouvernement, elle estime qu'il ressort du dossier que ces allégations ne sont pas dépourvues de fondement. (…)

91. Aussi, **au vu** des éléments du dossier, **de la dépendance totale de l'intéressé par rapport aux autorités pénitentiaires pour exercer son droit à la correspondance ainsi que de l'absence,** à l'époque des faits, **d'une réglementation répondant aux critères de l'article 8 qui encadrent le respect par les autorités de leurs obligations positives en la matière** (…), la Cour considère que le Gouvernement n'a pas fourni d'explication valable pour contredire les allégations crédibles du requérant à cet égard (…).

92. Partant, **la Cour estime que les autorités de la prison d'Aiud ont manqué à leur obligation positive de fournir au requérant le nécessaire, en particulier des timbres, pour sa correspondance avec la Cour** et que, dès lors, il y a eu violation de l'article 8 de la Convention de ce chef.

De même, l'article 2 de la Convention qui protège le droit à la vie engendre l'obligation positive pour les États de protéger la vie de leurs ressortissants. L'affaire Öneryildiz c/Turquie[1] en fournit un bon exemple. En l'espèce, des ressortissants turcs avaient construit leur habitation dans une décharge publique d'Istanbul. Les autorités turques sont au courant puisqu'elles leur font même payer une taxe d'habitation. Une explosion dans la décharge tue neuf des proches de M. Öneryildiz. Pour la Cour EDH, les autorités

---

1. Cour EDH 30 nov. 2004, RTDCiv. 2005, p. 422, note Th. Revet ; Grands arrêts de la Cour européenne des droits de l'homme, PUF, 10ᵉ éd. 2022, n° 66, note F. Marchadier.

turques, qui connaissaient le danger, auraient dû prendre des mesures pour protéger la vie de ces personnes. Ne l'ayant pas fait, la Turquie a, par sa passivité, violé l'article 2. Un raisonnement identique est tenu lorsque ce même pays n'adopte aucune mesure pour sécuriser un pâturage truffé de mines antipersonnels, exposant ainsi de jeunes enfants à un risque de mort ou de blessures[1].

Cour EDH 30 nov. 2004, Öneryildiz c/Turquie

89. **L'obligation positive de prendre toutes les mesures nécessaires à la protection de la vie** au sens de l'article 2 (...) **implique avant tout pour les États le devoir primordial de mettre en place un cadre législatif et administratif visant une prévention efficace et dissuadant de mettre en péril le droit à la vie** (...).

90. Cette obligation s'applique sans conteste dans le domaine spécifique des activités dangereuses, où il faut, de surcroît, réserver une place singulière à une réglementation adaptée aux particularités de l'activité en jeu notamment au niveau du risque qui pourrait en résulter pour la vie humaine. Elle doit régir l'autorisation, la mise en place, l'exploitation, la sécurité et le contrôle afférents à l'activité ainsi qu'imposer à toute personne concernée par celle-ci l'adoption de mesures d'ordre pratique propres à assurer la protection effective des citoyens dont la vie risque d'être exposée aux dangers inhérents au domaine en cause.

93. (...) Dans les cas où il est établi que la faute imputable, de ce chef, aux agents ou organes de l'État va au-delà d'une erreur de jugement ou d'une imprudence, en ce sens qu'**ils n'ont pas pris, en toute connaissance de cause et conformément aux pouvoirs qui leur étaient conférés, les mesures nécessaires et suffisantes pour pallier les risques inhérents à une activité dangereuse** (...), l'absence d'incrimination et de poursuites à l'encontre des personnes responsables d'atteintes à la vie peut entraîner une violation de l'article 2 (...).

96. (...) les juridictions nationales ne doivent en aucun cas s'avérer disposées à laisser impunies des atteintes à la vie. Cela est indispensable pour maintenir la confiance du public et assurer son adhésion à l'État de droit ainsi que pour prévenir toute apparence de tolérance d'actes illégaux, ou de collusion dans leur perpétration (...). **La tâche de**

---

1. Cour EDH 12 déc. 2006, Pasa et Erkan Erol c/Turquie.

> la Cour consiste donc à vérifier si et dans quelle mesure les juridictions, avant de parvenir à telle ou telle conclusion, **peuvent passer pour avoir soumis le cas devant elles à l'examen scrupuleux que demande l'article 2 de la Convention**, pour que la force de dissuasion du système judiciaire mis en place et l'importance du rôle que celui-ci se doit de jouer dans la prévention des violations du droit à la vie ne soient pas amoindries.
>
> **118.** En bref, il y a lieu de conclure en l'espèce à la violation de l'article 2 de la Convention, sous son volet procédural également, **à raison de l'absence**, face à un accident provoqué du fait d'une activité dangereuse, **d'une protection adéquate « par la loi », propre à sauvegarder le droit à la vie**, ainsi qu'à prévenir, à l'avenir, de tels agissements mettant la vie en danger.

19. – En 2024, dans les affaires climatiques déjà mentionnées[1], la Cour décide sur le fondement de l'article 8 que les États doivent agir sur leurs émissions de gaz à effet de serre en prenant des mesures précises : se fixer des objectifs, fournir des informations pour apprécier les résultats obtenus, actualiser leurs objectifs en se fondant sur les données disponibles, agir en temps utile pour mettre en œuvre des mesures pertinentes. Quelle charge pour les États ! mais c'est pour le bien de la planète…

La même année, la Cour indique à la République tchèque qu'en vertu des articles 3 et 8, les États ont l'obligation positive d'adopter des règles réprimant de manière effective les atteintes à l'intégrité physique et morale, notamment le viol, et cela même dans le cas où la victime n'oppose pas de résistance physique[2].

On signalera que lorsque la Cour estime qu'un État avait l'obligation positive d'agir, elle ne le condamne en principe que si les mesures étatiques ont été inexistantes ou insuffisantes.

---

1. *Cf. supra* n° 4 (Cour EDH, 9 avr. 2024, Verein Klimaseniorinnen Schweiz c/Suisse).
2. Cour EDH 20 juin 2024, Z. c/République tchèque.

§ 3 La subsidiarité du mécanisme de protection

20. – Si la Cour de Strasbourg exerce un contrôle ultime, les plaideurs doivent d'abord tenter d'obtenir le respect de leurs droits fondamentaux devant les juridictions internes[1]. En effet, la garantie européenne ne remplace pas le droit national, elle n'intervient que de manière finale en cas de défaillance de la procédure interne. Cela implique que ce soit d'abord le juge national qui se prononce sur le respect ou la violation des droits européens du justiciable. À charge pour ce dernier de saisir après coup la Cour européenne, qui dira si la décision du juge national était compatible avec le texte de la Convention européenne. La Cour EDH se contente donc de dire, au gré des affaires qui lui sont soumises par les requérants, si les lois et décisions nationales sont compatibles avec les droits de l'homme européens.

Chaque État signataire de la Convention européenne a ainsi une certaine liberté quant aux mesures à adopter pour respecter les droits fondamentaux. On dit que la Cour EDH accorde aux États une marge nationale d'appréciation car ce sont eux qui « jouissent d'une légitimité démocratique directe[2] ». Les autorités internes, grâce à leurs contacts directs et constants avec les forces vives du pays[3], sont souvent les mieux placées pour apprécier les situations concrètes et réagir aux événements, en sorte que la Cour contrôlera seulement si la réaction de l'État a bien pris en compte les droits fondamentaux européens.

La marge de manœuvre reconnue aux États varie selon certains facteurs.

---

1. Des plaideurs qui n'invoqueraient pas la Convention devant leurs juridictions internes et qui saisiraient directement la Cour européenne, verraient leur requête jugée irrecevable. Ex : Cour EDH 13 sept. 2022, Thevenon c/France, à propos de pompiers suspendus faute d'être vaccinés contre le Covid, mais qui n'avaient pas utilisé les recours dont ils disposaient en droit interne. *Cf.* plus largement n° 31.
2. Cour EDH 8 juill. 2003, grande ch., Hatton c/Royaume-Uni, § 97 (*cf. infra* n° 144) ; Cour EDH 1er juillet 2014, S.A.S. c/France, § 129 (*supra* n° 16).
3. Cour EDH, grande ch., 13 juillet 2012, Mouvement Raëlien suisse c/Suisse, § 63 (*infra* n° 80).

A. Marge d'appréciation réduite lorsque l'affaire met en jeu les droits intimes de l'individu

21. – Sont notamment concernés les droits garantis par l'article 8, protégeant la vie privée, le domicile et les correspondances privées. Il faut en effet des motifs ou circonstances particulièrement graves pour rendre légitime une atteinte à ces droits.

Ainsi, quand la France expulse des gens du voyage occupant illégalement un terrain depuis de très nombreuses années, la Cour prononcera une condamnation si les autorités n'ont pas pris en compte les conséquences concrètes des expulsions, à savoir le risque pour les personnes expulsées de devenir des sans-abris : Cour EDH 17 octobre 2013, Winterstein c/France[1] (en l'espèce, le relogement des requérants n'avait pas été envisagé).

En 1981, le Royaume-Uni est condamné pour sa législation réprimant les actes homosexuels commis en privé et entre adultes consentants. La loi en question viole la vie privée des individus concernés, laquelle comprend la liberté de la vie sexuelle, car selon la Cour, il n'existe aucun besoin social impérieux de prévoir une telle répression.

Cour EDH 22 oct. 1981, Dudgeon c/Royaume-Uni

41. Par son maintien en vigueur, la législation attaquée représente une ingérence permanente dans l'exercice du droit du requérant au respect de sa vie privée (laquelle comprend sa vie sexuelle) au sens de l'article 8 paragraphe 1. Dans la situation personnelle de l'intéressé, elle se répercute de manière constante et directe, par sa seule existence, sur la vie privée de celui-ci (…) : ou il la respecte et s'abstient de se livrer – même en privé et avec des hommes consentants – à des actes sexuels prohibés auxquels l'inclinent ses tendances homosexuelles, ou il en accomplit et s'expose à des poursuites pénales.

59. (…) Nonobstant la marge d'appréciation laissée aux autorités nationales, il appartient à la Cour de trancher la question de savoir si les motifs qu'elle a jugés pertinents étaient aussi suffisants, c'est-à-dire si l'ingérence incriminée était proportionnée au besoin social invoqué en sa faveur (…).

---

1. Dalloz actualité 12 nov. 2013, obs. A. Portmann.

60. (…) On comprend mieux aujourd'hui le comportement homosexuel qu'à l'époque de l'adoption de ces lois et l'on témoigne donc de plus de tolérance envers lui : **dans la grande majorité des États membres du Conseil de l'Europe, on a cessé de croire que les pratiques du genre examiné ici appellent par elles-mêmes une répression pénale ; la législation interne y a subi sur ce point une nette évolution que la Cour ne peut négliger** (…). En Irlande du Nord même, les autorités ont évité ces dernières années d'engager des poursuites du chef d'actes homosexuels commis, de leur plein gré et en privé, pas des hommes de plus de 21 ans capables d'y consentir (…). Rien dans le dossier ne prouve que cela ait porté atteinte aux valeurs morales en Irlande du Nord, ni que l'opinion publique ait réclamé une application plus rigoureuse de la loi.

On ne saurait dès lors **parler d'un « besoin social impérieux » d'ériger de tels actes en infractions,** faute d'une justification suffisante fournie par le risque de nuire à des individus vulnérables à protéger ou par des répercussions sur la collectivité. Du point de vue de la proportionnalité, les conséquences dommageables que l'existence même des dispositions législatives en cause peut entraîner sur la vie d'une personne aux penchants homosexuels, comme le requérant, prédominent aux yeux de la Cour sur les arguments plaidant contre tout amendement au droit en vigueur. **L'accomplissement d'actes homosexuels par autrui et en privé peut** lui aussi heurter, **choquer** ou inquiéter **des personnes** qui trouvent l'homosexualité immorale, **mais cela seul ne saurait autoriser le recours à des sanctions pénales quand les partenaires sont des adultes consentants.**

61. Partant, **les motifs avancés par le Gouvernement ne suffisent pas, malgré leur pertinence, à justifier le maintien des règles juridiques litigieuses dans la mesure où elles ont pour résultat général la prohibition pénale de rapports homosexuels** auxquels se livreraient en privé des hommes adultes capables d'y consentir. En particulier, ni les attitudes morales envers l'homosexualité masculine en Irlande du Nord ni la crainte qu'une atténuation de ces règles n'aboutisse à miner les valeurs morales existantes ne permettent en soi une ingérence si étendue dans la vie privée du requérant. (…)

En résumé, **la restriction imposée à M. Dudgeon** en vertu du droit nord-irlandais **se révèle par son ampleur et son caractère absolu**, indépendamment même de la sévérité des peines encourues, **disproportionnée aux buts recherchés.**

22. – Plus récemment, la Cour a vu une violation de l'article 8 dans le fait pour un État de refuser de reconnaître les couples de même sexe[1]. En l'espèce, le gouvernement russe faisait valoir que la majorité de sa population désapprouvait l'homosexualité. La Cour indique cependant que dans une société démocratique, les autorités ne peuvent pas tout ramener à « la suprématie constante de l'opinion d'une majorité ». Il faut au contraire assurer aux personnes minoritaires un traitement juste. En ne se pliant pas à ces principes, la Russie a outrepassé sa marge d'appréciation.

On signalera que lorsque la Cour entreprend de protéger l'intérêt d'un enfant à se voir reconnaître un lien de filiation avec sa mère d'intention, la marge d'appréciation laissée aux États est si réduite qu'elle disparaît complètement. Même si un État partie à la Convention indique vouloir légitimement lutter contre l'exploitation des mères porteuses, la Cour imposera la reconnaissance d'un lien de filiation avec la mère d'intention, bénéficiaire du contrat de gestation pour autrui et épouse du père génétique[2].

B. Marge d'appréciation plus importante lorsqu'il n'existe pas de consensus entre les législations des États parties

23. – C'est le cas par exemple dans le domaine de la fin de vie et de l'arrêt des traitements qui maintiennent le patient artificiellement en vie[3].

Faute de consensus en Europe, les États ont également une marge de manœuvre importante en matière de droit d'accès aux origines pour un enfant né par assistance médicale à la procréation[4].

---

1. Cour EDH, 17 janvier 2023, Fetodova c/Russie, RTDH 2024/1 p. 215, note P. Ducoulombier.
2. Cour EDH, 6 déc. 2022, K.K. c/Danemark, JCP 2022, act. 1448, obs. F. Sudre, à propos de jumeaux nés d'une mère porteuse en Ukraine.
3. Cour EDH, grande ch., 5 juin 2015, Lambert et autres c/France, D. 2015 p. 1625, obs. F. Vialla. Sur les multiples décisions rendues dans cette affaire jusqu'en 2020 (juridictions administratives, Tribunal correctionnel, Comité des droits des personnes handicapées de l'ONU), *cf.* Cl. Languery, L'épreuve du grand oral, éd. Ellipses, 2023, p. 17s.
4. Cour EDH 7 sept. 2023, Gauvin-Fournis et Silliau contre France, Revue des Droits et Libertés Fondamentaux (en ligne) 2024, chron. n° 54, obs. M. Mesnil.

**Cour EDH 5 juin 2015,
Lambert et autres c/France**

147. La Cour constate qu'**il n'existe pas de consensus entre les États membres du Conseil de l'Europe pour permettre l'arrêt d'un traitement maintenant artificiellement la vie**, même si une majorité d'États semblent l'autoriser. Bien que les modalités qui encadrent l'arrêt du traitement soient variables d'un État à l'autre, il existe toutefois un consensus sur le rôle primordial de la volonté du patient dans la prise de décision, quel qu'en soit le mode d'expression (...).

148. En conséquence, la Cour considère que, **dans ce domaine qui touche à la fin de la vie, comme dans celui qui touche au début de la vie, il y a lieu d'accorder une marge d'appréciation aux États**, non seulement quant à la possibilité de permettre ou pas l'arrêt d'un traitement maintenant artificiellement la vie et à ses modalités de mise en œuvre, mais aussi quant à la façon de ménager un équilibre entre la protection du droit à la vie du patient et celle du droit au respect de sa vie privée et de son autonomie personnelle (...). Cette marge d'appréciation n'est toutefois pas illimitée (...), la Cour se réservant de contrôler le respect par l'État de ses obligations découlant de l'article 2.

168. La Cour relève l'absence de consensus en la matière (...) et considère que **l'organisation du processus décisionnel, y compris la désignation de la personne qui prend la décision finale d'arrêt des traitements et les modalités de la prise de décision, s'inscrit dans la marge d'appréciation de l'État**. Elle constate que la procédure a été menée en l'espèce de façon longue et méticuleuse, en allant au-delà des conditions posées par la loi, et estime que, même si les requérants sont en désaccord avec son aboutissement, **cette procédure a respecté les exigences découlant de l'article 2 de la Convention** (...).

24. – Cela étant dit, les matières dans lesquelles il n'existe pas de consensus entre États européens tendent à se raréfier. Ainsi, on constate une nette tendance des États à ne plus faire de distinction successorale entre les enfants légitimes et naturels, donc un État ne pourra pas continuer à prévoir une différence de traitement entre les filiations[1]. De même, la

---

1. Cour EDH 1er févr. 2000, Mazurek c/France, Grands arrêts de la jurisprudence civile, t. 1, Dalloz, 14e éd. 2024, n° 119.

plupart des États autorisent les gay prides, donc un État comme la Russie ne peut pas rester le seul à les interdire, sauf à violer la liberté de réunion garantie par l'article 11 de la Convention européenne[1].

**Cour EDH 21 octobre 2010,
Alekseyev c/Russie**

78. La Cour observe que le maire de Moscou a exprimé en de nombreuses occasions sa détermination à empêcher la tenue de marches gays et d'événements similaires, apparemment parce qu'il les jugeait déplacés (...). Le Gouvernement a également déclaré dans ses observations que ce type d'événements devait être interdit par principe car la propagande pour l'homosexualité était incompatible avec les doctrines et les valeurs morales de la majorité et pouvait être nuisible pour les enfants et les adultes vulnérables.

81. La Cour rappelle également qu'il serait incompatible avec les valeurs sous-jacentes à la Convention qu'un groupe minoritaire ne puisse exercer les droits qu'elle garantit qu'à condition que cela soit accepté par la majorité. En pareil cas, le droit des groupes minoritaires à la liberté de religion, d'expression et de réunion deviendrait purement théorique et non pratique et effectif comme le veut la Convention (...).

84. (...) Il n'existe aucune ambiguïté quant au fait que les autres États membres reconnaissent le droit de chacun de revendiquer ouvertement son homosexualité ou son appartenance à toute autre minorité sexuelle et à défendre ses droits et les libertés, notamment en exerçant sa liberté de réunion pacifique. (...)

85. La Cour ne peut donc admettre la thèse selon laquelle le Gouvernement aurait disposé d'une large marge d'appréciation en l'espèce. Elle rappelle que toute décision restreignant l'exercice de la liberté de réunion doit reposer sur une appréciation acceptable des faits pertinents (...). Or les seuls facteurs que les autorités moscovites ont pris en compte étaient l'opposition du public à l'événement et les opinions morales des agents de l'État.

87. Ces considérations sont suffisantes pour permettre à la Cour de conclure que **l'interdiction** des événements que le requérant souhaitait organiser **ne répondait pas à un besoin social impérieux** et n'était donc pas nécessaire dans une société démocratique.

88. Partant, **il y a eu violation de l'article 11** de la Convention.

---

1. Cour EDH 21 oct. 2010, Alekseyev c/Russie, Dalloz actualité 10 nov. 2010, obs. I. Gallmeister.

Dans l'affaire Fetodova précitée[1], la Cour accorde à la Russie une marge d'appréciation réduite, voire quasi-inexistante, pour ce qui est du principe même d'accorder une protection juridique aux couples de même sexe (du fait d'une tendance en ce sens au sein des États ayant ratifié la Convention), mais lui reconnaît une marge de manœuvre étendue quant au choix du régime juridique à accorder à ces couples (faute de consensus sur ce point au sein des États parties).

Cour EDH, 17 janv. 2023, Fetodova c/Russie

185. (...) la Cour considère que la revendication par des personnes de même sexe de la reconnaissance et de la protection juridiques de leur couple touche à des aspects particulièrement importants de leur identité personnelle et sociale.

186. Ensuite, **quant à l'existence d'un consensus, la Cour a déjà constaté une tendance nette et continue au niveau européen en faveur d'une reconnaissance et d'une protection juridiques des couples de même sexe au sein des États membres du Conseil de l'Europe** (...).

187. Par conséquent, dès lors que des aspects particulièrement importants de l'identité personnelle et sociale des personnes de même sexe se trouvent en jeu (paragraphe 185 ci-dessus) et qu'en outre, une tendance nette et continue est observée au sein des États membres du Conseil de l'Europe (...), **la Cour estime que les États parties bénéficient d'une marge d'appréciation sensiblement réduite** s'agissant de l'octroi d'une possibilité de reconnaissance et de protection juridiques aux couples de même sexe.

188. Néanmoins (...) **les États parties bénéficient d'une marge d'appréciation plus étendue pour décider de la nature exacte du régime juridique à accorder aux couples de même sexe**, lequel ne doit pas prendre nécessairement la forme du mariage (...). En effet, les États ont « le choix des moyens » pour s'acquitter de leurs obligations positives inhérentes à l'article 8 de la Convention (CEDH 13 juin 1979, Marckx c/Belgique, § 53). Cette latitude reconnue aux États porte tant sur la forme de la reconnaissance à conférer aux couples de même sexe que sur le contenu de la protection à leur accorder.

---

1. *Cf. supra* n° 22.

> **189.** La Cour observe à cet égard que si une tendance nette et continue se manifeste en faveur de la reconnaissance et de la protection juridiques des couples de même sexe, **il ne se dégage pas un consensus semblable quant à la forme de cette reconnaissance et le contenu de cette protection. Aussi, conformément au principe de subsidiarité qui sous-tend la Convention,** il incombe avant tout aux États contractants de décider des mesures nécessaires pour assurer la reconnaissance des droits garantis par la Convention à toute personne relevant de leur « juridiction » et **il n'appartient pas à la Cour de définir elle-même le régime juridique à accorder aux couples de même sexe** (CEDH 11 juillet 2002, Christine Goodwin c/Royaume-Uni, § 85, et CEDH Marckx, précité, § 58).

C. Marge d'appréciation réduite, malgré l'absence de consensus européen, si la Cour décide d'imposer ses propres conceptions progressistes

25. – Cette hypothèse n'est pas la plus fréquente, car elle témoigne d'un certain activisme de la Cour européenne[1], développé pour maximiser la protection des droits fondamentaux des individus. On prendra l'exemple de l'arrêt Goodwin c/Royaume-Uni[2].

En l'espèce, un homme avait subi une conversion sexuelle financée par l'État, mais les autorités anglaises refusent de modifier le registre des naissances, qui continue à mentionner le sexe d'origine, ce qui gêne le requérant dans sa vie privée. La Cour reconnaît qu'il n'existe pas de consensus européen en cette matière (ce qui devrait aboutir à reconnaître une grande marge d'appréciation, et donc épargner une condamnation au Royaume-Uni). Pour autant, la Cour observe qu'il n'est pas démontré qu'une reconnaissance de la nouvelle identité des transsexuels opérés entraînerait des difficultés particulières, ni une atteinte à des intérêts publics. La Cour indique aussi que la société doit permettre aux personnes se trouvant dans la situation

---

1. Sur cette thématique : B. Delzangles, Activisme et autolimitation de la Cour européenne des droits de l'homme, LGDJ, 2021.
2. Cour EDH 11 juill. 2002, RTDCiv. 2002 p. 862, obs. J.-P. Marguénaud.

du requérant de vivre dans la dignité. Au total, le Royaume-Uni ne peut donc pas invoquer sa marge d'appréciation, et il est condamné pour violation de l'article 8.

Cour EDH 11 juillet 2002, Goodwin c/Royaume-Uni

Sur la violation alléguée de l'article 8 de la Convention

91. La Cour ne sous-estime pas les difficultés que pose un changement fondamental du système ni les importantes répercussions qu'une telle mesure aura inévitablement, non seulement pour l'enregistrement des naissances, mais aussi dans des domaines tels que l'accès aux registres, le droit de la famille, la filiation, la succession, la justice pénale, l'emploi, la sécurité sociale et les assurances. (…) Quant aux autres conséquences éventuelles, **la Cour considère qu'on peut raisonnablement exiger de la société qu'elle accepte certains inconvénients afin de permettre à des personnes de vivre dans la dignité et le respect**, conformément à l'identité sexuelle choisie par elles au prix de grandes souffrances.

93. Eu égard à ce qui précède, **la Cour estime que l'État défendeur ne peut plus invoquer sa marge d'appréciation en la matière**, sauf pour ce qui est des moyens à mettre en œuvre afin d'assurer la reconnaissance du droit protégé par la Convention. Aucun facteur important d'intérêt public n'entrant en concurrence avec l'intérêt de la requérante en l'espèce à obtenir la reconnaissance juridique de sa conversion sexuelle, la Cour conclut que la notion de juste équilibre inhérente à la Convention fait désormais résolument pencher la balance en faveur de la requérante. Dès lors, il y a eu manquement au respect du droit de l'intéressée à sa vie privée, en violation de l'article 8 de la Convention.

Section 2
La procédure juridictionnelle

26. – Toute personne dont les droits garantis par la Convention ont été bafoués doit d'abord s'adresser aux juridictions nationales, en exerçant tous les recours possibles. Si elle n'obtient pas satisfaction, elle peut saisir la Cour européenne dans les quatre mois suivant la dernière décision de justice[1], afin d'obtenir réparation de la violation de ses droits. La Cour de Strasbourg statuera sur le cas d'espèce, même si la décision rendue aura forcément des répercussions sur les personnes placées dans la même situation que le requérant ou susceptibles de l'être.

La Cour EDH est une juridiction permanente composée d'un nombre de juges égal au nombre d'États ayant ratifié la Convention européenne[2]. Les juges sont élus par l'assemblée du Conseil de l'Europe c'est-à-dire une assemblée de parlementaires, choisis par et parmi les parlementaires de tous les États ayant ratifié la Convention européenne (c'est donc très démocratique, et la critique du gouvernement des juges, en ce qu'elle serait synonyme d'illégitimité, ne peut pas être ici utilisée). Les juges se réunissent au sein de différentes formations : juge unique (pour déclarer une requête irrecevable), comités de 3 juges (pour trancher des affaires devenues routinières pour la Cour), chambres de 7 juges, grande chambre de 17 juges.

§ 1 Les conditions de recevabilité de la requête

27. – L'examen de la recevabilité des requêtes était assuré à l'origine par la Commission européenne des droits de l'homme (qui n'a strictement rien à voir avec la Commission de Bruxelles !). Cette instance n'existe plus. C'est donc la Cour elle-même qui désormais assure le filtrage des requêtes qui lui sont présentées. Cette étape est importante car dans environ 90 % des cas, la requête est jugée irrecevable. Il serait tentant de croire que cela vient du fait que les quatre conditions de recevabilité, cumulatives, sont relativement exigeantes ; ce n'est pas totalement vrai, car au moins pour les trois premières, la Cour sait faire preuve de souplesse.

---

1. C'était six mois, avant 2021.
2. 46 États actuellement.

A. La violation significative d'un droit protégé

28. – Le requérant doit se plaindre de la violation d'un droit protégé par la Convention ou ses Protocoles, et il doit invoquer un préjudice important, c'est-à-dire faire état de conséquences significatives sur sa situation personnelle. Ainsi le préjudice est trop réduit lorsqu'une victime se plaint, en invoquant une violation de ses libertés, d'avoir dû payer une amende de 150 € et d'avoir perdu un point sur son permis de conduire[1]. Cependant, la Cour peut juger une requête recevable malgré le caractère modique de l'amende payée par le requérant en droit interne, si la Cour voit dans l'affaire une importante question de principe. Cela fut le cas dans l'arrêt de la Cour du 19 novembre 2019, Obote c/Russie. Le requérant avait dû payer une amende de 22 € pour avoir participé à une flashmob (il s'était tenu debout en silence en brandissant une feuille de papier blanc, ce qui pour les autorités russes était une menace à l'ordre public). La Cour condamne la Russie à l'unanimité pour violation de la liberté de réunion pacifique : lancer des poursuites contre le requérant ne reposait pas sur des raisons pertinentes et suffisantes. Sur le même mode, la première condition de recevabilité est remplie, alors même que le requérant n'a été condamné qu'à une amende de 30 € avec sursis par les juridictions nationales, si l'affaire porte sur une question qui ne peut pas être considérée comme mineure[2].

B. Une requête dirigée contre un État soumis à la Convention

29. – La Cour ne peut être saisie que de faits relevant de la juridiction d'un État ayant ratifié la Convention, qu'ils aient été commis sur le territoire de cet État ou par des agents publics de cet État. Autrement dit, le requérant doit s'attaquer à un État auquel il reproche une violation de la Convention. Donc à Strasbourg, on ne s'attaque pas entre personnes privées. Pour autant, les litiges nationaux entre individus peuvent déboucher sur une saisine de

---

1. Cour EDH 19 oct. 2010, Rinck c/France, Dalloz actualité 1er déc. 2010, obs. M. Léna. Le requérant était un avocat, amendé à la suite d'un contrôle de vitesse automatisé. Il se plaignait d'une rupture de l'égalité des armes (article 6) en raison du refus du ministère public de produire des informations techniques en sa possession.
2. V. ainsi Cour EDH 14 févr. 2013, Eon c/France, mentionné *infra* n° 112, à propos du délit d'offense au chef de l'État.

la Cour, car un État partie sera jugé responsable s'il a laissé se perpétrer sur son territoire et devant ses juridictions une violation de droits fondamentaux entre personnes privées[1].

Il existe aussi plus rarement des affaires *entre États* : un État reproche à un autre une violation de la Convention. L'État qui est à l'origine de la requête dénonce dans ce cas une atteinte aux droits fondamentaux subie par ses ressortissants et imputable à l'État attaqué. Ainsi, l'Ukraine a plusieurs fois attaqué la Russie pour les actes commis par cette dernière contre des opposants ukrainiens au régime de Moscou[2].

C. Un intérêt personnel à agir

30. – L'auteur du recours individuel doit avoir un intérêt personnel à agir : il doit avoir été personnellement victime d'un acte (ou d'une abstention) imputable à l'État attaqué. Par exemple il se plaint d'une loi qu'on lui a appliquée. *A contrario*, il n'est pas possible d'attaquer à Strasbourg une loi que l'on juge contraire à la Convention et que l'on souhaiterait faire disparaître du droit positif au nom d'un simple idéal de justice. On illustrera le propos :

- Cour EDH 28 juin 2011, Ligue des musulmans c/Suisse : cette organisation voulait faire condamner une disposition constitutionnelle interdisant la construction de nouveaux minarets. Pour la Cour, le texte constitutionnel n'ayant encore jamais été appliqué, il n'avait donc pu développer aucun effet tangible ; la Ligue requérante ne pouvait pas se prétendre victime[3].

---

1. *Cf.* Cour EDH 13 févr. 2003, Refah Partisi c/Turquie, § 103 : les obligations pesant sur les États au titre de la Convention « ne se limitent pas aux éventuelles atteintes pouvant résulter d'actions ou d'omissions imputables à des agents de l'État ou survenues dans des établissements publics, mais elles visent aussi des atteintes imputables à des personnes privées ». Si on lit bien une partie de la doctrine, cela aboutit à consacrer un « effet direct horizontal » par un « stratagème » : Ph. Malaurie et P. Morvan, Introduction générale, Defrénois, 2ᵉ éd. 2005, n° 308.
2. *Cf.* A.A. Margaryan, Le contentieux entre l'Ukraine et la Russie devant la CEDH, sur le site revue-jadie.eu
3. Dalloz actualité 27 sept. 2011, obs. C. Demunck.

**Cour EDH 28 juin 2011,
Ligue des musulmans c/Suisse**

La Convention n'envisage pas la possibilité d'engager une *actio popularis* aux fins de l'interprétation des droits qui y sont reconnus ; elle **n'autorise pas** non plus **des requérants à se plaindre d'une disposition de droit interne simplement parce qu'il leur semble, sans qu'ils en aient directement subi les effets, qu'elle enfreint la Convention** (…).

La Cour relève que **les associations requérantes** invoquent le caractère discriminatoire de la disposition constitutionnelle litigieuse et l'absence de marge d'appréciation reconnue aux autorités nationales dans sa mise en œuvre. Elles **ne mettent donc en avant aucun commencement d'application de cette disposition et n'allèguent pas qu'elle ait déployé un quelconque effet concret.**

Les requérantes n'ayant pas produit des indices raisonnables et convaincants de la probabilité d'une réalisation d'une violation les concernant personnellement (…), **les griefs qu'elles soulèvent constituent de simples conjectures qui ne peuvent justifier leur qualité de victimes** (…).

De surcroît (…) la Cour est d'avis que les juridictions suisses seraient en mesure d'examiner la compatibilité avec la Convention d'un éventuel refus d'autoriser la construction d'un minaret.

La Cour parvient donc à la conclusion que sa saisine par les requérantes a pour seul but de contester une disposition constitutionnelle et que celles-ci n'ont pas apporté la preuve de circonstances tout à fait exceptionnelles susceptibles de leur conférer la qualité de victimes.

Au vu de ce qui précède, la Cour considère que la présente requête constitue une *actio popularis* et est donc incompatible *ratione personae* avec les dispositions de la Convention. Partant, elle doit être rejetée en application de l'article 35 §§ 3 et 4 de la Convention.

Par ces motifs, la Cour, à la majorité,

Déclare la requête irrecevable.

- Cour EDH 5 novembre 2020, Le Mailloux c/France[1] : un particulier atteint d'une pathologie grave contestait la gestion du Covid 19 par les autorités françaises, dénonçant « une atteinte au droit à la vie de la population française du fait des limitations d'accès aux tests de

---

1. Dalloz actualité 9 déc. 2020, obs. J.-M. Pastor.

diagnostic, aux mesures prophylactiques et à certains traitements », ainsi qu'une « atteinte à la vie privée des personnes qui décèdent seules du virus ». La Cour lui refuse cependant la qualité de victime, car il ne fournit aucun élément établissant que les supposés manquements des autorités françaises lors de la crise du Covid aient eu un impact sur sa santé ou sa vie privée.

**Cour EDH 5 nov. 2020,
Le Mailloux c/France**

10. La Cour rappelle que pour se prévaloir de l'article 34 de la Convention, un requérant doit pouvoir se prétendre victime d'une violation de la Convention ; la notion de « victime », selon la jurisprudence constante de la Cour, doit être interprétée de façon autonome et indépendante des notions internes telles que celles concernant l'intérêt ou la qualité pour agir. L'intéressé doit pouvoir démontrer qu'il a « subi directement les effets » de la mesure litigieuse (…).

11. Par ailleurs, l'article 34 de la Convention n'autorise pas à se plaindre *in abstracto* de violations de la Convention. Celle-ci ne reconnaît pas l'*actio popularis*, ce qui signifie qu'un requérant ne peut se plaindre d'une disposition de droit interne, d'une pratique nationale ou d'un acte public simplement parce qu'ils lui paraissent enfreindre la Convention.

Pour qu'un requérant puisse se prétendre victime, il faut qu'il produise des indices raisonnables et convaincants de la probabilité de réalisation d'une violation en ce qui le concerne personnellement ; de simples suspicions ou conjectures sont insuffisantes à cet égard (…).

13. (…) la Cour note que **le requérant** ne fournit aucune information sur sa pathologie et **s'abstient d'expliquer en quoi les manquements allégués des autorités nationales seraient susceptibles d'affecter sa santé et sa vie privée. Il ne produit aucun indice raisonnable et convaincant rendant vraisemblable que l'application des mesures prises par le législateur et le gouvernement caractériserait, à son égard, une carence susceptible de conduire aux manquements qu'il dénonce.** Dans ces conditions, la Cour considère que M. Le Mailloux dont la requête doit être regardée comme ayant pour seul but de contester de manière générale les textes et les mesures prises en France pour lutter contre la pandémie, ne fait valoir aucune circonstance de nature à lui conférer la qualité de victime potentielle.

> **15.** Dans ces circonstances, la Cour estime que la requête relève de l'*actio popularis* et que le requérant ne saurait être considéré comme une victime, au sens de l'article 34 de la Convention, des violations alléguées. Partant, la requête est incompatible *ratione personae* avec les dispositions de la Convention.
>
> Par ces motifs, la Cour, à l'unanimité,
>
> **Déclare la requête irrecevable.**

Pour ce qui est des victimes collatérales d'une mesure étatique, la Cour examine concrètement dans chaque affaire si celles-ci peuvent prétendre être affectées de manière importante et inévitable dans l'exercice de leurs droits fondamentaux. Ainsi, lorsqu'un site internet musical se trouve bloqué par un juge, un utilisateur lambda ne se trouve privé «que d'un moyen parmi d'autres d'écouter de la musique». Il ne pourra donc pas être qualifié de victime d'une violation de son droit d'accès aux médias, découlant de la liberté d'expression[1]. Au contraire, des professeurs de droit qui prouvent utiliser YouTube dans un cadre professionnel se trouvent bien privés d'un moyen important d'exercer leur liberté de communiquer des idées, dans le cas où une décision de justice bloque le site en question; ils peuvent donc bénéficier de la qualité de victimes d'une violation de l'article 10 de la Convention[2].

> **Cour EDH 1er déc. 2015,**
> **Cengiz et autres c/Turquie**
>
> **31.** Le Gouvernement estime que le grief des requérants est incompatible *ratione materiae* avec les dispositions de la Convention. (…)
>
> **34.** La Cour estime que l'exception préliminaire tirée par le Gouvernement de l'absence de qualité de victime des requérants soulève des questions étroitement liées à l'examen de l'existence d'une ingérence dans l'exercice par les requérants de leur droit à la liberté de recevoir ou de communiquer des informations et des idées, et donc au bien-fondé du grief tiré de l'article 10 de la Convention. En conséquence, elle décide de joindre cette exception au fond (…).

---

1. Cour EDH 11 mars 2014, Akdeniz c/Turquie.
2. Cour EDH 1er déc. 2015 Cengiz et autres c/Turquie, Dalloz actualité 17 déc. 2015, obs. O. Tambou.

49. La Cour rappelle d'emblée que **la Convention** ne permet pas l'*actio popularis* mais **exige, pour l'exercice du droit de recours individuel, que le requérant se prétende de manière plausible lui-même victime directe ou indirecte d'une violation de la Convention résultant d'un acte ou d'une omission imputable à l'État contractant.** (...)

50. En l'espèce, la Cour relève que les requérants ont déposé leurs requêtes devant elle en qualité d'usagers actifs de YouTube, en y soulignant notamment les **répercussions du blocage litigieux sur leur travail universitaire,** ainsi que les caractéristiques importantes du site en question. Ils affirment en particulier que, par le biais de leurs comptes YouTube, ils utilisent cette plateforme non seulement pour accéder à des vidéos relatives à leur domaine professionnel mais aussi, de manière active, pour télécharger et partager de tels fichiers. Par ailleurs, les deuxième et troisième requérants précisent qu'ils ont publié des enregistrements sur leurs activités universitaires. (...)

54. En somme, la Cour observe que les requérants se plaignent pour l'essentiel de l'effet collatéral de la mesure prise contre YouTube dans le cadre de la loi sur Internet. Les intéressés affirment que, en raison des caractéristiques de YouTube, **la mesure de blocage les a privés d'un moyen important d'exercer leur droit à la liberté de recevoir et communiquer des informations et des idées.**

55. À la lumière de ce qui précède et **eu égard à la nécessité d'appliquer de manière flexible les critères de reconnaissance de la qualité de victime, la Cour admet que, dans les circonstances particulières de l'affaire, les requérants,** bien que n'étant pas directement visés par la décision de blocage de l'accès à YouTube, **peuvent légitimement prétendre que la mesure en question a affecté leur droit de recevoir et de communiquer des informations ou des idées.** Dès lors, elle rejette l'exception préliminaire du Gouvernement concernant la qualité de victime.

D. L'épuisement des voies de recours internes

31. – La Cour EDH ne peut être saisie qu'après épuisement des voies de recours internes. Cela signifie que la victime doit déjà avoir souligné la violation de ses droits fondamentaux devant le juge national[1]. Ainsi, ce dernier aura déjà eu l'occasion de se prononcer sur une éventuelle violation de la Convention (si la victime saisit la cour de Strasbourg, c'est que les juridictions internes auront choisi d'écarter la Convention ou auront estimé qu'elle était bien respectée).

Cette dernière condition de recevabilité explique que la Cour EDH soit parfois critiquée comme étant un quatrième degré de juridiction. Effectivement, la Cour va souvent livrer une quatrième appréciation sur le respect de la Convention (après par exemple le Tribunal judiciaire, la Cour d'appel et la Cour de cassation). Cette situation est inconfortable pour les juges nationaux car quelle que soit la motivation de leur décision, rien ne dit que la Cour EDH aura le même point de vue.

32. – La règle de l'épuisement des voies de recours est pourtant indispensable pour l'État attaqué à Strasbourg car il serait injuste qu'il soit condamné par la Cour si aucun de ses juges n'a été alerté par la victime d'une possible violation de la Convention. Pour qu'un État soit jugé fautif, il faut que ses juges internes aient bien eu l'occasion de faire respecter la Convention, et qu'ils l'aient mal fait aux yeux de la Cour. Or souvent, lorsqu'un État est condamné à Strasbourg, cela signifie simplement que les juges internes ont pris le parti de privilégier, dans le conflit qui leur était présenté, des intérêts concurrents à ceux de la victime. Par exemple, ils auront accordé une importance déterminante au droit du public à l'information, au détriment du droit au respect de la vie privée de la victime. De même, ils pourront avoir sacrifié les intérêts légitimes d'un propriétaire, faute de relogement pour les occupants illégaux censés être expulsés[2].

---

1. Par exemple Cour EDH 7 oct. 2021, Zambrano c/France (Dalloz actualité 19 oct. 2021, note M. Afroukh) : il n'est pas possible d'attaquer directement la loi sur le pass sanitaire devant la Cour EDH, alors que les requérants (ils étaient 18 000 !) pouvaient attaquer ses décrets d'application devant le Conseil d'État. De manière générale, même s'il existe des doutes sur les chances de succès d'un recours en droit interne, il doit être tenté, faute de quoi la condition d'épuisement n'est pas remplie : J.-F. Renucci, Droit européen des droits de l'homme, LGDJ, 7e éd. 2017, n° 57.
2. Scénario de Cour EDH 18 mai 2004, Prodan c/Moldavie, AJDI 2005 p. 57 (violation de l'article 1er du Protocol additionnel n° 1 en ce que le propriétaire n'a pas pu jouir de ses biens).

§ 2 L'issue de l'examen de la recevabilité

33. – En examinant la recevabilité du recours, la Cour procède en réalité à l'analyse du bien-fondé de la requête qui lui est soumise. Ainsi, lorsqu'une requête est jugée irrecevable, c'est souvent car la Cour estime que l'État attaqué n'a pas été fautif : par exemple, la requête est fantaisiste, ou le requérant n'a pas fourni suffisamment d'éléments de preuve, ou encore le rejet du recours n'est que l'application d'une jurisprudence bien établie de la Cour[1], ou enfin la situation ne fait apparaître aucune violation apparente de la Convention[2]. Quel que soit le motif retenu, une décision d'irrecevabilité est toujours définitive.

34. – Si au contraire, la requête est jugée recevable, s'ouvre une phase de conciliation où est cherché un arrangement amiable entre le requérant et l'État défendeur. Les deux parties y ont intérêt. Pour le requérant, c'est la certitude d'obtenir un dédommagement financier (alors que si la Cour juge l'affaire, elle peut donner raison à l'État). Pour l'État, trouver un règlement amiable c'est éviter le risque d'une condamnation, laquelle est toujours un peu infamante et conduira à la multiplication des recours par d'autres victimes. Cependant, la Cour estime parfois que des motifs d'ordre public commandent d'aller au jugement final.

Si cette tentative de conciliation échoue, la Cour tranchera l'affaire.

§ 3 L'arrêt de la Cour

35. – Quand la Cour se prononce sur le fond de l'affaire, elle doit déterminer si l'État attaqué (et ses juridictions) a violé la Convention. Si c'est le cas, la dernière décision nationale n'est pas pour autant annulée. La

---

1. Par exemple, la décision d'irrecevabilité Aktas c/France du 30 juin 2009 (extraits reproduits *infra* n° 120) ne fait qu'appliquer une solution découlant de l'arrêt Dogru c/France (Cour EDH 4 déc. 2008).
2. Exemple : Cour EDH 16 juin 2009, Association Solidarité des Français c/France, Rec. Dalloz 2010 p. 65 (les autorités nationales ont tiré des conclusions conformes à l'article 11 § 2 de la Convention en considérant «qu'un rassemblement en vue de la distribution sur la voie publique d'aliments contenant du porc, vu son message clairement discriminatoire (…), risquait de causer des troubles à l'ordre public que seule son interdiction pouvait éviter»).

Cour condamne seulement l'État fautif à verser à la victime une satisfaction équitable c'est-à-dire une somme d'argent. Elle ne casse aucunement la dernière décision de justice rendue en droit interne !

L'arrêt rendu par une chambre de sept juges ne devient définitif que si dans les trois mois, aucune des deux parties n'a demandé le réexamen de l'affaire par la grande chambre de dix-sept juges (qui pourra alors déjuger la chambre de sept juges)[1].

Quelle que soit la formation qui se prononce, l'arrêt rendu est purement déclaratoire[2]. Il ne fait qu'énoncer si la Convention a été violée dans l'affaire soumise, donc formellement l'État déclaré fautif n'a pas l'obligation de tirer des conséquences générales de la condamnation. Cependant, si la Cour a estimé que la loi d'un État était contraire à la Convention, cet État a tout intérêt à modifier sa législation pour éviter une nouvelle condamnation dans une affaire postérieure identique[3].

Lorsqu'un État «x» dispose, dans son droit interne, de la même législation que celle d'un État «y» qui vient d'être condamnée à Strasbourg, l'État «x» a tout intérêt à modifier sa loi en vigueur, s'il ne veut pas être à son tour condamné par la Cour. Celle-ci retient d'ailleurs qu'elle doit déterminer si les autorités nationales prennent bien en compte les principes découlant des arrêts qu'elle rend sur des questions similaires, y compris dans des affaires concernant d'autres États que l'État défendeur[4].

Lorsque la Cour condamne une législation nationale, les juridictions de cet État sont encouragées à écarter l'application de cette loi dans les litiges postérieurs qui leur sont soumis. En effet, si elles ne le font pas, elles exposent leur pays à une action victorieuse des plaideurs à Strasbourg.

---

1. C'est la grande Chambre elle-même qui filtre les demandes de réexamen (via un collège de cinq juges), il n'existe donc pas un réel droit de faire appel devant la Cour. Il faut en fait des circonstances exceptionnelles pour qu'une affaire soit réexaminée par la grande Chambre. Dans ces circonstances, la grande Chambre peut aussi se saisir d'office, si bien que la chambre de sept juges se dessaisira dès le début au profit de la grande Chambre (cela s'est par exemple produit dans l'affaire Vogt c/Allemagne, examinée aux n° 84s).
2. F. Krenc, Une Convention et une Cour pour les droits fondamentaux, la démocratie et l'état de droit en Europe, éd. Anthemis, 2023, n° 650.
3. Si l'État condamné refuse de modifier sa législation ou ses pratiques, cela peut préfigurer une sortie du système de la Convention européenne ; ainsi le Royaume-Uni, parfois réfractaire aux condamnations, pourrait très bien se diriger vers un Brexit des droits de l'homme.
4. Cour EDH 9 juin 2009, Opuz c/Turquie, § 163, RSC 2010, p. 219, note J.-P. Marguénaud.

§ 4 Les suites de l'arrêt de la Cour

36. – Le caractère purement déclaratoire des arrêts de la Cour s'efface dans le cas particulier où la Cour rend un arrêt pilote (**A**-). Les États peuvent par ailleurs avoir institué une procédure dans leur droit interne permettant d'accentuer la portée réelle d'une condamnation prononcée par la Cour dans un contentieux donné : c'est le réexamen de l'affaire (**B**-).

A. Un cas particulier : l'arrêt pilote

37. – Un tel arrêt constitue une exception au caractère purement déclaratoire des arrêts de la Cour. En effet, dans un arrêt pilote, la Cour adresse une injonction à l'État attaqué devant elle. Elle rend ce type d'arrêt en cas de problème structurel dans un État, et cela afin d'éviter de devoir répéter systématiquement la même solution. L'État doit alors agir pour se mettre en conformité avec la Convention. Par exemple, s'agissant de l'Italie, des milliers de requêtes dénonçaient à la Cour les conditions de détention carcérale contraires à la dignité dans ce pays. La Cour va alors demander à l'Italie, dans un arrêt pilote[1], d'adopter un plan pénitentiaire pour régler ce problème, au lieu de condamner 5 000 ou 10 000 fois ce pays pour la même chose. Il existe une limite à l'exercice : si un État refuse de se plier à un arrêt pilote, la Cour ne peut qu'avouer son impuissance.

**Cour EDH 8 janv. 2013,
Torreggiani et autres c/Italie**

83. La Cour rappelle que, tel qu'interprété à la lumière de l'article 1 de la Convention, l'article 46 crée pour l'État défendeur l'obligation juridique de mettre en œuvre, sous le contrôle du Comité des Ministres, les mesures générales et/ou individuelles qui s'imposent pour sauvegarder le droit du requérant dont la Cour a constaté la violation. Des mesures de ce type doivent aussi être prises à l'égard d'autres personnes dans la même situation que l'intéressé, l'État étant censé mettre un terme aux problèmes à l'origine des constats opérés par la Cour (...).

---

1. Cour EDH 8 janv. 2013, Torreggiani et autres c/Italie, Dalloz actualité 24 janv. 2013, obs. M. Léna.

84. Afin de faciliter une mise en œuvre effective de ses arrêts suivant le principe ci-dessus, **la Cour peut adopter une procédure d'arrêt pilote lui permettant de mettre clairement en lumière**, dans son arrêt, **l'existence de problèmes structurels à l'origine des violations et d'indiquer les mesures ou actions particulières que l'État défendeur devra prendre pour y remédier** (...).

85. Un autre but important poursuivi par la procédure d'arrêt pilote est d'inciter l'État défendeur à trouver, au niveau national, une solution aux nombreuses affaires individuelles nées du même problème structurel, donnant ainsi effet au principe de subsidiarité qui est à la base du système de la Convention (...). En effet, la Cour ne s'acquitte pas forcément au mieux de sa tâche, qui consiste selon l'article 19 de la Convention à « assurer le respect des engagements résultant pour les Hautes Parties contractantes de la (...) Convention et de ses Protocoles », en répétant les mêmes conclusions dans un grand nombre d'affaires (...).

87. La Cour vient de constater que **la surpopulation carcérale en Italie ne concerne pas exclusivement les cas des requérants** (...). Elle relève notamment que le caractère structurel et systémique du surpeuplement carcéral en Italie ressort clairement des données statistiques indiquées plus haut ainsi que des termes de la déclaration de l'état d'urgence au niveau national proclamée par le président du Conseil des ministres italien en 2010 (...).

88. L'ensemble de ces données fait apparaître que **la violation du droit des requérants de bénéficier de conditions de détention adéquates** n'est pas la conséquence d'incidents isolés mais **tire son origine d'un problème systémique résultant d'un dysfonctionnement chronique propre au système pénitentiaire italien, qui a touché et est susceptible de toucher encore à l'avenir de nombreuses personnes** (...).

89. Par ailleurs, le caractère structurel du problème identifié dans les présentes affaires est confirmé par le fait que plusieurs centaines de requêtes dirigées contre l'Italie et soulevant un problème de compatibilité avec l'article 3 de la Convention des conditions de détention inadéquates liées à la surpopulation carcérale dans différentes prisons italiennes sont actuellement pendantes devant elle. Le nombre de ce type de requêtes ne cesse d'augmenter.

90. Conformément aux critères établis dans sa jurisprudence, **la Cour décide d'appliquer la procédure de l'arrêt pilote en l'espèce, eu égard au nombre croissant de personnes potentiellement concernées en Italie et aux arrêts de violation auxquels les requêtes en question pourraient donner lieu** (...).

B. La procédure de réexamen de certaines affaires en droit interne : l'exemple français

38. – Depuis la loi du 15 juin 2000, le Code de procédure pénale prévoit que lorsqu'une personne est reconnue coupable d'une infraction par les juridictions françaises mais que cette condamnation est jugée par la suite contraire aux droits fondamentaux par la Cour EDH et que l'indemnisation du requérant ne suffit pas à réparer la situation, il doit s'enclencher un réexamen de l'affaire devant le juge français.

39. – Depuis la loi du 18 novembre 2016, le même mécanisme a été créé pour les décisions des juridictions civiles rendues en matière d'état des personnes : si de telles décisions sont condamnées à Strasbourg et que l'indemnisation du requérant ne suffit pas à réparer les conséquences pour celui-ci, il est prévu une procédure de réexamen de la décision interne.

Une première application a eu lieu dans l'affaire Mennesson (contentieux lié à la filiation d'enfants nés d'une GPA – gestation pour autrui – réalisée à l'étranger) : un arrêt de Cour d'appel de 2010 avait refusé la transcription de l'acte de naissance californien, et la Cour de cassation avait maintenu cet arrêt par une décision de 2011. La Cour EDH condamne cependant la France en 2014 pour violation de l'article 8 de la Convention[1].

Cour EDH 26 juin 2014, Mennesson c/France

98. La Cour constate (...) que le fait pour les troisième et quatrième requérantes de ne pas être identifiées en droit français comme étant les enfants des premiers requérants a des conséquences sur leurs droits sur la succession de ceux-ci. Elle note que le Gouvernement nie qu'il en aille de la sorte. Elle relève toutefois que le Conseil d'État a souligné qu'en l'absence de reconnaissance en France de la filiation établie à l'étranger à l'égard de la mère d'intention, l'enfant né à

---

1. Cour EDH 26 juin 2014, Mennesson c/France, D. 2014 p. 1797, note F. Chénedé. En 2017, à propos d'un couple italien ayant trouvé une mère porteuse en Russie, la Cour EDH a écarté une violation de l'article 8 dans le cas où il n'existe aucun lien biologique entre les parents d'intention et l'enfant issu d'une GPA : Cour EDH, grande ch., 24 janv. 2017, Paradiso et Campanelli c/Italie (cf. J.-R. Binet, Droit des personnes et de la famille, LGDJ, 6ᵉ éd. 2024, p. 285 ; L. Burgorgue-Larsen, La Convention européenne des droits de l'homme, LGDJ, 3ᵉ éd. 2019, p. 130).

l'étranger par gestation pour autrui ne peut hériter d'elle que si elle l'a institué légataire, les droits successoraux étant alors calculés comme s'il était un tiers (...), c'est-à-dire moins favorablement. La même situation se présente dans le contexte de la succession du père d'intention, fût-il comme en l'espèce le père biologique. Il s'agit là aussi d'un élément lié à l'identité filiale dont les enfants nés d'une gestation pour autrui pratiquée à l'étranger se trouvent privés.

99. Il est concevable que la France puisse souhaiter décourager ses ressortissants de recourir à l'étranger à une méthode de procréation qu'elle prohibe sur son territoire (...). Il résulte toutefois de ce qui précède que **les effets de la non reconnaissance en droit français du lien de filiation entre les enfants ainsi conçus et les parents d'intention ne se limitent pas à la situation de ces derniers,** qui seuls ont fait le choix des modalités de procréation que leur reprochent les autorités françaises : **ils portent aussi sur celle des enfants eux-mêmes, dont le droit au respect de la vie privée, qui implique que chacun puisse établir la substance de son identité, y compris sa filiation, se trouve significativement affecté.** Se pose donc une question grave de compatibilité de cette situation avec l'intérêt supérieur des enfants, dont le respect doit guider toute décision les concernant.

100. Cette analyse prend un relief particulier lorsque, comme **en l'espèce, l'un des parents d'intention est également géniteur de l'enfant**. Au regard de l'importance de la filiation biologique en tant qu'élément de l'identité de chacun (...), on ne saurait prétendre qu'il est conforme à l'intérêt d'un enfant de le priver d'un lien juridique de cette nature alors que la réalité biologique de ce lien est établie et que l'enfant et le parent concerné revendiquent sa pleine reconnaissance. Or non seulement le lien entre les troisième et quatrième requérantes et leur père biologique n'a pas été admis à l'occasion de la demande de transcription des actes de naissance, mais encore sa consécration par la voie d'une reconnaissance de paternité ou de l'adoption ou par l'effet de la possession d'état se heurterait à la jurisprudence prohibitive établie également sur ces points par la Cour de cassation (...). La Cour estime, compte tenu des conséquences de cette grave restriction sur l'identité et le droit au respect de la vie privée des troisième et quatrième requérantes, qu'**en faisant ainsi obstacle tant à la reconnaissance qu'à l'établissement en droit interne de leur lien de filiation à l'égard de leur père biologique, l'État défendeur est allé au-delà de ce que lui permettait sa marge d'appréciation.**

101. Étant donné aussi le poids qu'il y a lieu d'accorder à l'intérêt de l'enfant lorsqu'on procède à la balance des intérêts en présence, la Cour conclut que le droit des troisième et quatrième requérantes au respect de leur vie privée a été méconnu.

Quatre ans après cette condamnation européenne, la Cour de réexamen des décisions civiles ordonne que l'affaire soit réexaminée par l'assemblée plénière de la Cour de cassation, mais cette dernière le 5 octobre 2018 décide de surseoir à statuer et de demander un avis consultatif à la Cour EDH. Cette procédure, créée en 2013 et entrée en vigueur en août 2018, permet au Conseil constitutionnel, au Conseil d'État et à la Cour de cassation, de demander son avis à la Cour EDH sur une question de principe[1] relative à la Convention européenne ; l'avis donné n'est pas contraignant. En l'espèce, l'assemblée plénière de la Cour de cassation pose plusieurs questions à la Cour EDH, notamment : un État excède-t-il sa marge d'appréciation en refusant d'indiquer, sur les registres de l'état civil, la mère d'intention[2] comme mère légale de l'enfant né à l'étranger par GPA ?

La Cour EDH rend son avis le 10 avril 2019 : le droit interne doit offrir la possibilité de reconnaissance d'un lien de filiation entre l'enfant et la mère d'intention, mais il n'est pas requis que cette reconnaissance se fasse par la transcription sur les registres de l'état civil, elle peut se faire par la voie de l'adoption[3].

À la suite de cet avis, l'assemblée plénière de la Cour de cassation rend sa décision finale le 4 octobre 2019 ; elle décide qu'en l'espèce le contentieux durant depuis plus de quinze ans, il faut, en l'absence d'autres voies permettant de respecter la vie privée des deux filles nées d'une GPA, opter pour la transcription sur les registres de l'état civil français des actes de naissance établis à l'étranger[4].

---

1. Si la demande d'avis ne porte pas sur une question de principe et que la difficulté peut être résolue en examinant la jurisprudence de la Cour, celle-ci rejettera la demande d'avis. Exemple : Cour EDH 28 juin 2024, s'agissant d'une demande de la Cour de cassation roumaine.
2. c'est-à-dire celle qui est bénéficiaire de la GPA.
3. Cour EDH 10 avr. 2019 (avis), Rec. Dalloz 2019 p. 1084, note H. Fulchiron. *Cf.* A.-S. Brun-Wauthier et G. Vial *in* Revue des droits et libertés fondamentaux (en ligne) 2019, chron. n° 22.
4. Cass. Ass. plénière, 4 oct. 2019, n° 10-19.053, Mennesson, Gaz. Palais 7 janv. 2020, p. 86, note I. Rein-Lescastéreyres et M.-L. Niboyet.

**Cass. Ass. plénière, 4 oct. 2019,
n° 10-19.053, Mennesson**

Vu l'article 55 de la Constitution :

Vu l'article 8 de la Convention de sauvegarde des droits de l'homme et des libertés fondamentales et l'article 3, § 1, de la Convention de New York du 26 janvier 1990 sur les droits de l'enfant :

Vu l'avis consultatif de la Cour européenne des droits de l'homme du 10 avril 2019 :

4. Dans son avis consultatif, la Cour européenne des droits de l'homme énonce que chaque fois que la situation d'un enfant est en cause, l'intérêt supérieur de celui-ci doit primer (§ 38). Or, l'absence de reconnaissance du lien de filiation entre un enfant né d'une gestation pour autrui pratiquée à l'étranger et la mère d'intention a des conséquences négatives sur plusieurs aspects du droit de l'enfant au respect de la vie privée (§ 40). Au vu de ces éléments et du fait que l'intérêt supérieur de l'enfant comprend aussi l'identification, en droit, des personnes qui ont la responsabilité de l'élever, de satisfaire à ses besoins et d'assurer son bien-être, ainsi que la possibilité de vivre et d'évoluer dans un milieu stable, **la Cour européenne des droits de l'homme considère que l'impossibilité générale et absolue d'obtenir la reconnaissance du lien entre un enfant né d'une gestation pour autrui pratiquée à l'étranger et la mère d'intention n'est pas conciliable avec l'intérêt supérieur de l'enfant,** qui exige pour le moins un examen de chaque situation au regard des circonstances particulières qui la caractérise (§ 42). Selon la Cour, il va de soi que ces conditions doivent inclure une appréciation par le juge de l'intérêt supérieur de l'enfant à la lumière des circonstances de la cause (§ 54).

5. Dès lors, la Cour européenne des droits de l'homme est d'avis que « dans la situation où, comme dans l'hypothèse formulée dans les questions de la Cour de cassation, un enfant est né à l'étranger par gestation pour autrui et est issu des gamètes du père d'intention et d'une tierce donneuse, et où le lien de filiation entre l'enfant et le père d'intention a été reconnu en droit interne : /1. Le droit au respect de la vie privée de l'enfant, au sens de l'article 8 de la Convention, requiert que le droit interne offre une possibilité de reconnaissance d'un lien de filiation entre cet enfant et la mère d'intention, désignée dans l'acte de naissance légalement établi à l'étranger comme étant la « mère légale » ; /2. Le droit au respect de la vie privée de l'enfant, au sens de l'article 8 de la Convention, ne requiert pas que cette reconnaissance se fasse par la transcription sur les registres de l'état civil de l'acte de naissance légalement établi à l'étranger ; elle peut se faire par une autre voie, telle que l'adoption de l'enfant par la mère d'intention, à la condition que les modalités prévues par le droit interne garantissent l'effectivité et la célérité de sa mise en œuvre, conformément à l'intérêt supérieur de l'enfant ».

6. Il se déduit ainsi de l'article 8 de la Convention de sauvegarde des droits de l'homme et des libertés fondamentales qu'au regard de l'intérêt supérieur de l'enfant, **la circonstance que la naissance d'un enfant à l'étranger ait pour origine une convention de gestation pour autrui, prohibée par les articles 16-7 et 16-9 du Code civil, ne peut, à elle seule, sans porter une atteinte disproportionnée au droit au respect de la vie privée de l'enfant, faire obstacle à la transcription de l'acte de naissance établi par les autorités de l'État étranger,** en ce qui concerne le père biologique de l'enfant, **ni à la reconnaissance du lien de filiation à l'égard de la mère d'intention mentionnée dans l'acte étranger,** laquelle doit intervenir au plus tard lorsque ce lien entre l'enfant et la mère d'intention s'est concrétisé.

11. Il résulte de ce qui a été dit aux paragraphes 4, 5 et 6 que **l'acte de naissance doit être transcrit en ce qui concerne la filiation paternelle biologique.** En l'espèce, il ressort des éléments du dossier que l'arrêt rendu le 14 juillet 2000 par la Cour supérieure de l'État de Californie a déclaré M. N... D..., père génétique des deux enfants, qui sont issues des gamètes de ce dernier et d'une tierce personne. Il convient, en conséquence, de rejeter la demande formée par le procureur général près la cour d'appel de Paris en annulation de la transcription des actes de naissance de E... et J... D... en ce qu'elles sont nées de M. N... D...

Sur la demande du ministère public en annulation de la transcription de l'acte de naissance à l'égard de Mme D..., mère d'intention des deux enfants, et sur les demandes de Mmes E... et J... D...

12. Il résulte de l'avis consultatif de la Cour européenne des droits de l'homme que, **s'agissant de la mère d'intention, les États parties ne sont pas tenus d'opter pour la transcription des actes de naissance légalement établis à l'étranger** (§ 50). En effet, il n'y a pas de consensus européen sur cette question. Lorsque l'établissement ou la reconnaissance du lien entre l'enfant et le parent d'intention est possible, leurs modalités varient d'un État à l'autre. Il en résulte que, selon la Cour, **le choix des moyens à mettre en œuvre pour permettre la reconnaissance du lien enfant-parents d'intention tombe dans la marge d'appréciation des États** (§ 51).

19. Il résulte de ce qui précède, qu'**en l'espèce, s'agissant d'un contentieux qui perdure depuis plus de quinze ans, en l'absence d'autre voie permettant de reconnaître la filiation dans des conditions qui ne porteraient pas une atteinte disproportionnée au droit au respect de la vie privée de Mmes E... et J... D...** consacré par l'article 8 de la Convention de sauvegarde des droits de l'homme et des libertés fondamentales, et alors qu'il y a lieu de mettre fin à cette atteinte, **la transcription sur les registres de l'état civil de Nantes des actes de naissance établis à l'étranger de E... et J... D... ne saurait être annulée.**

Chapitre 2
Les droits fondamentaux au sein de l'Union européenne

40. – À l'issue du Brexit de 2020, l'Union européenne compte désormais 27 États membres, soit 450 millions de personnes environ.

À l'origine, la construction européenne n'avait pas pour première préoccupation les droits de l'homme puisque son but était économique (CEE). Pour autant, le traité de Rome de 1957 a consacré des principes qui relèvent des droits fondamentaux : liberté de circulation, principe de non-discrimination liée à la nationalité, etc. Surtout, les juges de l'Union européenne ont progressivement entrepris de s'assurer du respect des droits de l'homme au sein de l'UE. Initialement, ces juges, désignés d'un commun accord par les gouvernements des États membres, étaient le tribunal de première instance et la CJCE. Le traité de Lisbonne a modifié leur appellation : on parle désormais du tribunal de l'UE et de la CJUE (Cour de justice de l'Union européenne)[1]. La compétence générale de ces deux juridictions

---

1. On peut dire, de manière très approximative, que la CJUE fonctionne comme une espèce de Cour de cassation à l'égard des décisions du tribunal de l'UE.

consiste à assurer le respect du droit de l'Union, mais à cette occasion, les juges (singulièrement la CJUE) vont pouvoir vérifier le respect des droits fondamentaux européens dans deux types de textes :
- les normes adoptées par les institutions européennes (Commission, Parlement européen, Conseil de l'UE composé des ministres nationaux).
- les textes nationaux adoptés par les États membres dans un domaine de compétence de l'UE[1].

À l'origine, les juges européens n'avaient pas à leur disposition de texte spécifique énonçant les droits s'imposant au sein de l'UE. Ils se référaient alors à d'autres sources : la Convention EDH mais aussi les traditions constitutionnelles communes aux États membres c'est-à-dire les règles constitutionnelles qui se retrouvent dans la plupart des blocs de constitutionnalité des États membres. Désormais, les juges de l'Union possèdent un texte spécifique, la Charte des droits fondamentaux (**Section 1**), ce qui met en lumière l'importance attachée par l'UE à la garantie de ces droits (**Section 2**).

---

1. *Cf.* P. Gaïa, *in* L. Favoreu *et alii*, Droit des libertés fondamentales, 8ᵉ éd. 2021, n° 758s.

Section 1
La consécration des droits : la Charte des droits fondamentaux de l'UE

41. – La Charte a été proclamée deux fois : en 2000, puis en 2007. Elle est juridiquement contraignante depuis 2009, date de l'entrée en vigueur du traité de Lisbonne. Elle possède la même valeur juridique que tous les traités européens.

La Charte réaffirme des droits issus des traditions constitutionnelles communes aux États membres, les droits résultant de la Convention EDH, ainsi que les droits dégagés par la CJUE et la Cour EDH. Elle réalise ainsi une synthèse de tous les droits fondamentaux qui s'imposent aux États membres et aux instances de l'UE. Le spectre est large[1] : droits civils et politiques, droits économiques et sociaux, droits contemporains liés à la biomédecine[2], etc. Il faut cependant signaler que la Charte énonce aussi de simples principes qui constituent seulement des objectifs que les instances européennes doivent poursuivre[3], comme « un niveau élevé de protection de l'environnement et l'amélioration de sa qualité » (article 37).

L'article 52 de la Charte indique que tous les droits fondamentaux qu'elle reconnaît peuvent être restreints en cas de nécessité. C'est une limite fondamentale, mais il n'est pas sûr que le lecteur lambda aille lire cet article, situé en fin de Charte, qui éclaire tous les autres.

---

1. *Cf.* L. Burgorgue-Larsen, *in* Dictionnaire des droits de l'homme, PUF, 2008, V° Charte des droits fondamentaux de l'Union européenne. Pour une étude, droit par droit : R. Tinière et Cl. Vial, Droit de l'Union européenne des droits fondamentaux, Bruylant, 2023.
2. Sources d'interdictions, notamment celles des pratiques eugéniques et du clonage reproductif des êtres humains (article 3).
3. CC 19 nov. 2004, Traité établissant une Constitution pour l'Europe, Rec. Dalloz 2004, p. 3075, obs. B. Mathieu.

Section 2
La garantie des droits par la CJUE

42. – L'influence des juges de l'UE en matière de droits fondamentaux ne peut se manifester que si un acte émanant des instances européennes viole les libertés garanties par la Charte ou si un État membre ne respecte pas ces libertés lorsqu'il légifère dans un domaine de compétence de l'UE. Cela peut limiter l'influence, en droit interne, des droits fondamentaux énoncés dans la Charte[1].

La Charte est donc contraignante pour les États membres (article 51) : ils doivent dans leur droit interne adopter des textes qui ne contredisent pas les articles de la Charte. Par exemple, puisque l'article 34 prévoit que l'UE reconnaît le droit à une aide au logement, un État membre ne peut pas supprimer toutes ses aides nationales au logement. La Commission européenne entend veiller à lancer des procédures d'infractions contre tout État qui ne respecterait pas la Charte.

La Charte est aussi un outil qui permet à la CJUE de contrôler la validité des textes adoptés par les instances européennes au regard des droits fondamentaux. Par exemple en 2014, la CJUE invalide une directive de 2006 qui obligeait les opérateurs de télécommunications à conserver des données téléphoniques (à la suite des attentats de Londres en 2005) ; il s'agissait d'une ingérence excessive infligée à la vie privée des individus et à leur droit à la protection de leurs données à caractère personnel, garantis par les articles 7 et 8 de la Charte[2]. On voit ici qu'il n'est guère possible de s'inquiéter que l'UE puisse adopter des mesures liberticides, la CJUE ayant les moyens d'éradiquer celles-ci, à l'instar d'une Cour constitutionnelle.

---

1. Ex : Cass. com. 20 sept. 2023, n° 21-23.057 (la Charte ne peut pas être invoquée dans un contentieux relatif à l'impôt de solidarité sur la fortune car cet impôt ne relève pas de la compétence de l'UE) ; Cass. soc. 13 mars 2024, n° 22-21.837, Gaz. Pal. 4 juin 2024, note S. Sereno (une salariée d'une maison de retraite, licenciée pour ne s'être pas fait vacciner contre le Covid 19, ne peut invoquer la Charte car le litige ne relève pas d'une situation dans laquelle le droit de l'UE aurait été mis en œuvre).
2. CJUE 8 avr. 2014, Digital Rights Ireland, Rec. Dalloz 2014, p. 1355, note C. Castets-Renard (l'auteur parle d'une onde de choc en faveur de la protection des données personnelles).

43. – Lorsqu'un litige donné concerne bien le domaine de compétence de l'Union, les tribunaux internes doivent obligatoirement appliquer les normes européennes, au besoin en demandant à la CJUE de donner sa vision des choses. C'est ce qu'on appelle le renvoi préjudiciel : un juge interne qui a un doute sur la manière dont il convient d'interpréter des règles européennes (une directive par exemple) doit poser la question (dite préjudicielle) à la CJUE. C'est donc une procédure de juge à juge[1]. La réponse de la CJUE s'impose à la juridiction interne qui avait posé la question.

Dans un contentieux concernant le port du voile par une salariée d'une entreprise privée, la Cour de cassation a ainsi demandé à la CJUE si la directive européenne sur l'égalité de traitement en matière d'emploi, qui vise notamment à lutter contre les discriminations fondées sur la religion, autorise un employeur à prévoir une différence de traitement motivée par le souhait des clients de ne pas être en contact avec une salariée voilée. En mars 2017, la CJUE répond à cette question préjudicielle[2].

CJUE 14 mars 2017, Asma Bougnaoui et Association de défense des droits de l'homme contre Micropole SA

1. La demande de décision préjudicielle porte sur l'interprétation de l'article 4, paragraphe 1, de la directive 2000/78/CE du Conseil, du 27 novembre 2000, portant création d'un cadre général en faveur de l'égalité de traitement en matière d'emploi et de travail.

2. Cette demande a été présentée dans le cadre d'un litige opposant Mme Asma Bougnaoui et l'Association de défense des droits de l'homme (ADDH), d'une part, à Micropole SA, anciennement Micropole Univers SA (ci-après « Micropole »), d'autre part, au sujet du licenciement par cette dernière de Mme Bougnaoui au motif que celle-ci refusait de retirer son foulard islamique lorsqu'elle était en mission auprès des clients de cette entreprise.

---

1. P. Gaïa, *op. cit.*, n° 766. *Cf.* H. Gaudin, Le renvoi préjudiciel devant la Cour de justice de l'Union européenne, clé d'un ordre juridique en réseau ?, Revue générale du droit (en ligne), 2019, numéro 49151.
2. CJUE 14 mars 2017, Asma Bougnaoui et Association de défense des droits de l'homme contre Micropole SA, Rec. Dalloz 2017, p. 947, note J. Mouly.

14. Après avoir été convoquée, le 15 juin 2009, à un entretien préalable à un éventuel licenciement, Mme Bougnaoui a été licenciée par une lettre du 22 juin 2009 (...).

15. Considérant que ce licenciement était discriminatoire, Mme Bougnaoui a introduit, le 8 septembre 2009, un recours devant le conseil de prud'hommes de Paris (France). Celui-ci a, le 4 mai 2011, condamné Micropole au paiement d'une indemnité de préavis pour ne pas avoir indiqué dans sa lettre de licenciement la gravité de la faute reprochée à Mme Bougnaoui et a rejeté le recours pour le surplus, au motif que la restriction à la liberté de Mme Bougnaoui de porter le foulard islamique était justifiée par le contact de cette dernière avec des clients de cette société et proportionnée au but recherché par Micropole tendant à la préservation de l'image de celle-ci et à ne pas heurter les convictions de ses clients.

16. Mme Bougnaoui, soutenue par l'ADDH, a introduit un appel contre cette décision devant la cour d'appel de Paris (France). Par décision du 18 avril 2013, celle-ci a confirmé la décision du conseil de prud'hommes de Paris. (...)

17. Mme Bougnaoui et l'ADDH ont formé un pourvoi devant la Cour de cassation (France) contre la décision du 18 avril 2013.

18. La chambre sociale de la Cour de cassation, saisie du pourvoi formé par les requérantes au principal, relève que, dans son arrêt du 10 juillet 2008, Feryn (C-54/07), la Cour s'est bornée à dire pour droit que le fait pour un employeur de déclarer publiquement qu'il ne recrutera pas de salariés ayant une certaine origine ethnique ou raciale constitue une discrimination directe à l'embauche au sens de la directive 2000/43/CE du Conseil, du 29 juin 2000, relative à la mise en œuvre du principe de l'égalité de traitement entre les personnes sans distinction de race ou d'origine ethnique (JO 2000, L 180, p. 22), mais ne s'est pas prononcée sur le point de savoir si l'article 4, paragraphe 1, de la directive 2000/78 doit être interprété en ce sens que constitue une exigence professionnelle essentielle et déterminante, en raison de la nature d'une activité professionnelle ou des conditions de son exercice, le souhait d'un client d'un employeur de ne plus voir les prestations de services de celui-ci assurées par un travailleur pour l'un des motifs visés par cette dernière directive.

19. Dans ces conditions, **la Cour de cassation a décidé de surseoir à statuer et de poser à la Cour la question préjudicielle suivante** :

« Les dispositions de l'article 4, paragraphe 1, de la directive 2000/78 doivent-elles être interprétées en ce sens que constitue une exigence professionnelle essentielle et déterminante, en raison de la nature d'une activité professionnelle ou des conditions de son exercice, le souhait d'un client d'une société de conseils informatiques de ne plus voir les prestations de service informatiques de cette société assurées par une salariée, ingénieur d'études, portant un foulard islamique ? » (...)

Sur la question préjudicielle

28. (...) le législateur de l'Union s'est référé, au considérant 1 de la directive 2000/78, aux droits fondamentaux tels qu'ils sont garantis par la convention européenne de sauvegarde des droits de l'homme et des libertés fondamentales, signée à Rome le 4 novembre 1950, qui prévoit, à son article 9, que toute personne a droit à la liberté de pensée, de conscience et de religion, ce droit impliquant, notamment, la liberté de manifester sa religion ou sa conviction individuellement ou collectivement, en public ou en privé, par le culte, l'enseignement, les pratiques et l'accomplissement des rites.

29. Au même considérant, le législateur de l'Union s'est également référé aux traditions constitutionnelles communes aux États membres, en tant que principes généraux du droit de l'Union. Or, **parmi les droits qui résultent de ces traditions communes et qui ont été réaffirmés dans la charte des droits fondamentaux de l'Union européenne, figure le droit à la liberté de conscience et de religion consacré à l'article 10, paragraphe 1, de la Charte.** Conformément à cette disposition, ce droit implique la liberté de changer de religion ou de conviction ainsi que la liberté de manifester sa religion ou sa conviction individuellement ou collectivement, en public, ou en privé, par le culte, l'enseignement, les pratiques et l'accomplissement de rites. (...)

41. Il convient (...) de répondre à la question posée par la juridiction de renvoi que l'article 4, paragraphe 1, de la directive 2000/78 doit être interprété en ce sens que **la volonté d'un employeur de tenir compte des souhaits d'un client de ne plus voir les services dudit employeur assurés par une travailleuse portant un foulard islamique ne saurait être considérée comme une exigence professionnelle essentielle et déterminante** au sens de cette disposition.

La réponse de la CJUE permet à la Cour de cassation, en novembre de la même année, de trancher l'affaire : si une entreprise n'a pas prohibé le port visible de tout signe religieux, il devient discriminatoire de se fonder sur les préférences de la clientèle pour congédier une salariée portant le voile[1].

---

1. Cass, soc. 22 nov. 2017, n° 13-19.855, Rec. Dalloz 2018 p. 218, n. J. Mouly.

Cass, soc. 22 nov. 2017, n° 13-19.855, Asma Bougnaoui

Vu les articles L. 1121-1, L. 1132-1, dans sa rédaction applicable, L. 1133-1, L. 1321-3, 2°, du Code du travail, dans sa rédaction applicable, ensemble **l'article 9 de la Convention de sauvegarde des droits de l'homme et des libertés fondamentales et les articles 2, § 2, et 4, § 1, de la directive 2000/78/CE du Conseil du 27 novembre 2000 portant création d'un cadre général en faveur de l'égalité de traitement en matière d'emploi et de travail** ; (...)

Attendu que, pour dire le licenciement fondé sur une cause réelle et sérieuse, l'arrêt retient qu'une entreprise doit tenir compte de la diversité des clients et de leurs convictions et qu'elle est donc naturellement amenée à imposer aux employés qu'elle envoie au contact de sa clientèle une obligation de discrétion qui respecte les convictions de chacun (...) ;

Qu'en statuant ainsi, alors qu'il résultait de ses constatations qu'**aucune clause de neutralité interdisant le port visible de tout signe politique, philosophique ou religieux sur le lieu de travail n'était prévue dans le règlement intérieur de l'entreprise** ou dans une note de service soumise aux mêmes dispositions que le règlement intérieur en application de l'article L. 1321-5 du Code du travail et que l'interdiction faite à la salariée de porter le foulard islamique dans ses contacts avec les clients résultait seulement d'un ordre oral donné à une salariée et visant un signe religieux déterminé, ce dont il résultait l'existence d'une discrimination directement fondée sur les convictions religieuses, et alors qu'**il résulte de l'arrêt de la Cour de justice en réponse à la question préjudicielle posée que la volonté d'un employeur de tenir compte des souhaits d'un client de ne plus voir les services dudit employeur assurés par une salariée portant un foulard islamique ne saurait être considérée comme une exigence professionnelle essentielle et déterminante au sens de l'article 4, § 1, de la directive du 27 novembre 2000**, la cour d'appel a méconnu la portée des textes susvisés ;

Par ces motifs, casse et annule, en toutes ses dispositions, l'arrêt rendu le 18 avril 2013, entre les parties, par la cour d'appel de Paris, remet, en conséquence, la cause et les parties dans l'état où elles se trouvaient avant ledit arrêt et, pour être fait droit, les renvoie devant la cour d'appel de Versailles ;

On remarquera que dans cet arrêt, la Cour de cassation ne mentionne pas la Charte des droits fondamentaux de l'Union européenne[1], et préfère se fonder sur la Convention européenne des droits de l'homme qui elle aussi garantit la liberté de manifester sa religion. Cela illustre à quel point, pour un État comme la France, se chevauchent les deux sources de protection européenne des droits fondamentaux.

---

1. Il est vrai qu'elle n'était pas invoquée par le pourvoi.

Chapitre 3
L'articulation des deux ensembles

44. – Les États membres de l'Union européenne ont nécessairement ratifié la Convention EDH, ils se trouvent donc soumis aux deux juridictions : CJUE et Cour EDH. Il faut souhaiter pour ces États que les décisions rendues par les deux Cours ne soient pas incompatibles, car sinon les États devraient établir une hiérarchie entre l'autorité des deux juridictions (**Section 1**). Fort heureusement, on constate très rarement de divergences entre les deux Cours, qui d'ailleurs s'inspirent souvent l'une de l'autre[1], prenant parfois appui sur les textes de référence *a priori* réservés à l'autre (**Section 2**).

---

1. Il faut dire que d'anciens juges à la Cour EDH accèdent parfois à la CJUE, et vice versa.

# Section 1
La recherche d'une hiérarchie

45. – Avant d'adhérer à l'UE, un État doit toujours adhérer à la Convention européenne : on vérifie s'il est capable de respecter ce dernier texte, et si c'est le cas, on peut alors envisager qu'il intègre « un club plus fermé », celui de l'UE. Cette présentation simplifiée laisse penser qu'en termes de respect des droits de l'homme, le système de l'UE imposerait un socle plus contraignant, plus difficile à respecter. La Convention EDH serait ainsi moins exigeante que la Charte des droits fondamentaux de l'UE, ce dernier texte étant destiné aux grandes démocraties, alors que la Convention EDH serait proposée à des pays qui ne sont qu'en apprentissage de la démocratie[1]. Selon cette conception, on placerait alors la CJUE à un rang supérieur, dans la hiérarchie des juridictions, à celui de la Cour EDH, la première imposant un respect des droits fondamentaux plus ambitieux. Mais la Cour EDH ne se satisfait pas d'une telle « relégation en deuxième division des droits de l'homme », et il lui est arrivé de se placer au-dessus du droit de l'UE, suggérant que ce droit pouvait ne pas respecter la Convention européenne. On mentionnera trois décisions d'importance sur cette question.

- Cour EDH, 15 novembre 1996, Cantoni c/France[2] : le dirigeant d'une grande surface avait fait l'objet de poursuites pénales pour exercice illégal de la pharmacie (vente d'éosine aqueuse et d'inhalateurs de poche notamment). Devant les juges du fond, il est condamné à une amende. Devant la Cour de cassation, il invoque l'article 7 de la Convention EDH qui exige que la loi pénale soit claire et précise. M. Cantoni estime que ce n'est pas le cas de la loi française qu'on lui a appliquée, en l'espèce un article du Code de la santé publique qui définit la notion de « médicament ». La Cour de cassation écarte l'argument et M. Cantoni saisit la Cour de Strasbourg. Celle-ci doit décider si l'article du Code de la santé publique respecte la Convention EDH. Or, cet article reproduit mot pour mot une directive européenne, c'est-à-dire un texte de l'UE. Dès lors, se demander si le Code de la santé publique respecte la Convention EDH revient à déterminer si une directive européenne respecte la Convention EDH. Cette particularité de

---

1. On songe à la Turquie, et à la Russie (soumise à la Convention EDH de 1998 à 2022).
2. Rev. Europe 1997, chron. 4, obs. Y. Petit.

l'affaire ne conduit pas la Cour de Strasbourg à se dérober ; elle indique en effet que cette circonstance ne soustrait pas la disposition du Code de la santé publique à l'emprise de l'article 7 de la Convention. Sur le fond, la Cour estime qu'en l'espèce cet article n'a pas été méconnu, car M. Cantoni, « à l'aide de conseils appropriés », pouvait anticiper qu'il risquait des poursuites pour exercice illégal de la pharmacie au vu de la jurisprudence de la Cour de cassation en la matière[1].

- Cour EDH, 18 février 1999, Matthews c/Royaume-Uni[2] : la Cour s'autorise à apprécier si l'application du droit constitutionnel de l'UE par le Royaume-Uni (en l'espèce l'organisation des élections au Parlement européen) respecte bien la Convention EDH. Le droit de l'UE se trouve ainsi placé sous la domination de la Convention EDH.

- Cour EDH, 30 juin 2005, Bosphorus c/Irlande[3] : la Cour doit déterminer si un État qui ne fait qu'appliquer un règlement européen (jugé légal par la CJUE) peut se voir reprocher d'avoir violé la Convention EDH. Une réponse positive aurait mis les États membres de l'UE dans une position intenable, et la Cour EDH en a profité pour poser un principe d'apaisement : on doit présumer qu'un État qui ne fait qu'appliquer le droit de l'UE respecte nécessairement la Convention EDH. Il n'y a donc pas normalement de risque d'incompatibilité entre les 2 ensembles, et il n'y a pas à se demander quel système serait supérieur à l'autre.

---

1. C'était la seule issue viable pour la France, car si la Cour EDH avait décelé une violation de la Convention, la France condamnée aurait eu un choix difficile. Si elle ne modifiait pas sa définition du médicament, elle serait de nouveau condamnée par la Cour EDH. Si au contraire elle modifiait sa définition du médicament, elle ne respectait plus la directive de l'UE et aurait sans doute alors été condamnée par la CJCE (désormais CJUE) !
2. RTDH 1999 p. 873, note A. Potteau.
3. Cf. Les grands arrêts de la Cour européenne des droits de l'homme, PUF, 10ᵉ éd. 2022, n° 71, obs. J. Andriantsimbazovina.

Section 2
Les influences croisées

46. – La Cour EDH a pour mission de contrôler, au gré des affaires qui lui sont soumises, si les États parties respectent la Convention. Pourtant, il lui arrive parfois de se référer à la Charte des droits fondamentaux de l'UE (**§ 1**). Symétriquement, la CJUE peut être conduite à utiliser la jurisprudence de la Cour EDH (**§ 2**).

§ 1 Quand la Cour EDH exploite la Charte des droits fondamentaux de l'UE

47. – Le système de l'UE impose *a priori* une protection plus ambitieuse des droits fondamentaux. Dès lors, quand la Cour EDH veut faire évoluer sa jurisprudence et rendre des arrêts très favorables aux droits de l'homme, son texte de référence (la Convention européenne et ses Protocoles additionnels) peut ne pas suffire ; elle va alors décider de solliciter la Charte des droits fondamentaux de l'UE, voire la jurisprudence de la CJUE. Deux exemples sont significatifs.

- Cour EDH 11 juillet 2002, Goodwin c/Royaume-Uni[1]. Cette personne transsexuelle, opérée et désormais femme, était toujours un homme selon les mentions du registre des naissances. Cela l'empêchait d'épouser un homme et la Cour EDH doit déterminer si le droit de se marier garanti par l'article 12 de la Convention EDH est violé. La Cour se trouve cependant face à une difficulté : l'article 12 n'évoque le droit de se marier qu'entre un homme et une femme. Pour surmonter cet obstacle, la Cour EDH décide de puiser dans la Charte des droits fondamentaux de l'UE, dont l'article 9 garantit le droit de se marier sans faire référence au sexe des époux. Cela permet à la Cour EDH de conclure qu'aucune raison ne justifie de priver les transsexuels du droit de se marier, et donc que l'article 12 de la Convention EDH a été violé par le Royaume-Uni.

---

1. D. 2003, p. 525, obs. C. Birsan. *Cf. supra* n° 25.

Cour EDH 11 juillet 2002, Goodwin c/Royaume-Uni

Sur la violation alléguée de l'article 12 de la Convention

99. L'exercice du droit de se marier emporte des conséquences sociales, personnelles et juridiques. Il obéit aux lois nationales des États contractants, mais les limitations en résultant ne doivent pas le restreindre ou réduire d'une manière ou à un degré qui l'atteindraient dans sa substance même (...).

100. (...) Depuis l'adoption de la Convention, l'institution du mariage a été profondément bouleversée par l'évolution de la société, et les progrès de la médecine et de la science ont entraîné des changements radicaux dans le domaine de la transsexualité. La Cour a constaté (...), sur le terrain de l'article 8 de la Convention, que la non-concordance des facteurs biologiques chez un transsexuel opéré ne pouvait plus constituer un motif suffisant pour justifier le refus de reconnaître juridiquement le changement de sexe de l'intéressé. (...) **La Cour note également que le libellé de l'article 9 de la Charte des droits fondamentaux de l'Union européenne adoptée récemment s'écarte – et cela ne peut être que délibéré – de celui de l'article 12 de la Convention en ce qu'il exclut la référence à l'homme et à la femme** (...).

103. Les éléments (...) permettent de constater que **si le mariage des transsexuels recueille une grande adhésion, le nombre des pays qui autorisent le mariage des transsexuels sous leur nouvelle identité sexuelle est inférieur à celui des États qui reconnaissent la conversion sexuelle elle-même. La Cour n'est toutefois pas convaincue que cela soit de nature à conforter la thèse selon laquelle les États contractants doivent pouvoir entièrement régler la question dans le cadre de leur marge d'appréciation.** En effet, cela reviendrait à conclure que l'éventail des options ouvertes à un État contractant peut aller jusqu'à interdire en pratique l'exercice du droit de se marier. La marge d'appréciation ne saurait être aussi large. S'il appartient à l'État contractant de déterminer, notamment, les conditions que doit remplir une personne transsexuelle qui revendique la reconnaissance juridique de sa nouvelle identité sexuelle pour établir que sa conversion sexuelle a bien été opérée et celles dans lesquelles un mariage antérieur cesse d'être valable, (...) **la Cour ne voit aucune raison justifiant que les transsexuels soient privés en toutes circonstances du droit de se marier.**

104. Elle conclut donc qu'il y a eu violation de l'article 12 de la Convention en l'espèce.

- Cour EDH 17 septembre 2009, grande ch., Scoppola c/Italie[1]. Dans cette affaire, la Cour relève qu'un consensus européen s'est formé pour reconnaître le principe de rétroactivité de la loi pénale plus douce, règle qui ne figure pas dans la Convention européenne. Pour parvenir à ce constat, elle se réfère à la jurisprudence de la CJUE ainsi qu'à la Charte des droits fondamentaux de l'UE (et même à la Convention américaine relative aux droits de l'homme et à la jurisprudence de la Cour de cassation française).

§ 2 Quand la CJUE se fonde sur la jurisprudence de la Cour EDH

48. – L'influence de la jurisprudence de la Cour EDH sur les propres décisions de la CJUE est un phénomène identifié mais complexe[2]. On s'en tiendra à deux illustrations.

- CJCE 17 février 1998, Grant[3] : un employeur britannique accordait des réductions de transport pour les concubins hétérosexuels de ses salariés mais pas pour les concubins homosexuels. Pour la CJCE, ce n'est pas une discrimination. Elle adopte ce point de vue en se référant à la jurisprudence de la Cour EDH qui à l'époque jugeait qu'une disposition nationale pouvait accorder un traitement plus favorable aux conjoints de sexe opposé, dans un but de protection de la famille traditionnelle[4].
- CJCE 7 janvier 2004, K.B[5]. : la CJCE se fonde en l'espèce sur l'arrêt Goodwin de la Cour EDH (précité). Elle déduit de cet arrêt, et des traditions constitutionnelles communes aux États membres de l'UE, qu'il existe un principe général consacrant le changement d'État civil et le droit d'accès au mariage pour les personnes transsexuelles. Ces dernières doivent donc être assimilées au sexe qu'elles revendiquent.

---

1. RSC 2010 p. 234, obs. J.-P. Marguénaud.
2. *Cf.* O de Schutter, L'influence de la Cour européenne des droits de l'homme sur la Cour de justice des Communautés européennes, CRIDHO Working Paper 2005/07 (en ligne).
3. D. 1998 p. 372, obs. J. Rideau.
4. On remarquera qu'ici la CJCE a sollicité, nécessairement, une décision antérieure de la Cour EDH. Cela l'empêche évidemment de prendre en compte les évolutions ultérieures de la jurisprudence de la Cour EDH. Or, deux ans après l'arrêt Grant, la Cour EDH a cette fois condamné une différence de traitement fondé sur l'orientation sexuelle (Cour EDH 21 déc. 1999, Salgueiro Da Silva Mouta c/Portugal). Donc si l'arrêt Grant avait été rendu deux ans plus tard, il aurait sans doute retenu une issue inverse et aurait reconnu la discrimination.
5. D. 2004 p. 979, obs. Ph. Icard.

Titre 2
Théorie générale des droits fondamentaux

49. – Il serait trop ambitieux de développer ici une véritable théorie des droits fondamentaux[1]. On peut néanmoins présenter les fondements théoriques permettant de justifier l'applicabilité des droits fondamentaux (**Chapitre 1**), avant de préciser quelles sont leurs modalités concrètes d'application (**Chapitre 2**).

---

1. Dans le manuel Droit des libertés fondamentales de Louis Favoreu *et alii* (*cf.* par exemple 4ᵉ éd., Dalloz, 2007), Otto Pfersmann avait écrit une longue «esquisse d'une théorie des droits fondamentaux», présentée par le Doyen Favoreu comme l'un des piliers essentiels de l'ouvrage (avant-propos à la 1ʳᵉ éd., 2000). Ces développements ont disparu des éditions les plus récentes (*cf.* par exemple 8ᵉ éd. 2021).

Chapitre 1
Les fondements de l'applicabilité des droits fondamentaux

50. – Dans la hiérarchie des normes, les droits fondamentaux se situent au sommet. Ils dominent toutes les autres normes. C'est ce que l'on appelle la primauté des droits fondamentaux (**Section 1**). Pour que ce rang supérieur développe un effet concret, il faut que les particuliers puissent invoquer leurs droits et libertés devant un juge. C'est la question de l'effet direct des droits fondamentaux (**Section 2**). En première intention, ce sont les autorités publiques qui sont tenues de respecter les normes supérieures ; les premières sont hiérarchiquement soumises aux secondes et en ce sens, l'effet est vertical. Les droits fondamentaux peuvent cependant développer aussi leur influence dans les litiges entre particuliers, c'est ce qu'on nomme l'effet horizontal (**Section 3**).

Section 1
La primauté

51. – La suprématie des droits fondamentaux au sein de la hiérarchie des normes (**§ 1**) se trouve en pratique assurée, s'agissant des droits issus de conventions internationales, par un contrôle original, qualifié de contrôle de conventionnalité (**§ 2**).

§ 1   Le principe : la suprématie des droits fondamentaux dans la hiérarchie des normes

52. – Les textes constitutionnels et les traités relatifs aux droits de l'homme se situent au sommet de la pyramide des normes. Ils ont un rang supérieur à la loi française. Certains textes internationaux n'ont cependant pas ce statut. Ainsi, la Déclaration universelle des droits de l'homme, adoptée par l'assemblée générale des Nations Unies en 1948 et souvent mise en avant par les non-juristes, ne possède aucun caractère contraignant. Le contraste est flagrant avec la Déclaration des droits de l'homme et du citoyen de 1789 : ce texte emblématique fait partie du bloc de constitutionnalité et il s'impose en ce sens à toute autorité, notamment au législateur. Par exemple, ce dernier en a fait l'expérience en 2002, quand le Conseil constitutionnel a censuré la nouvelle définition du licenciement économique retenue par la loi dite de modernisation sociale[1]. Le législateur a été sanctionné pour avoir porté une atteinte excessive à la liberté constitutionnelle d'entreprendre, découlant de l'article 4 de la Déclaration de 1789.

§ 2   La garantie : le contrôle de conventionnalité

53. – Un juge ordinaire a le pouvoir de vérifier si un texte national respecte les *conventions* internationales consacrant des droits fondamentaux, d'où le terme « contrôle de *conventionnalité* ». Ainsi, la loi française peut être jugée conventionnelle (**A-**) ou au contraire voir son application écartée dans un

---

1. CC 12 janv. 2002, Grands arrêts du droit des libertés fondamentales, éd. Dalloz 2017, n° 98, obs. A. Martinon.

litige si elle est jugée contraire à la Convention européenne (**B-**). Si le juge n'écartait pas cette loi, c'est la Cour EDH qui condamnerait potentiellement la France pour l'avoir appliquée.

A. Brevet de conventionnalité de la loi

54. – Un plaideur peut soutenir devant son juge national que la loi qui lui est applicable ne respecte pas la Convention EDH[1]. Si le juge ne partage pas cet avis, il ne prendra pas nécessairement le soin de développer longuement son raisonnement. Ainsi, lorsque des entreprises de l'industrie du tabac ont tenté de soutenir que la loi Evin de 1991 (interdisant la publicité en faveur du tabac) allait à l'encontre de la liberté d'expression garantie par l'article 10, § 1, de la Convention EDH, la chambre criminelle répond lapidairement en 2006 que l'article 10, § 2, de la Convention permet bien de limiter la liberté d'expression au nom de la santé publique[2].

55. – À l'heure actuelle, les juges se font plus pédagogues. Ainsi en 2018, la Cour de cassation s'est expliquée doublement quant à la conformité des délais de prescription des actions en contestation de paternité, à l'article 8 de la Convention EDH. Elle fait d'abord un contrôle abstrait de la conventionnalité des textes du Code civil : ceux-ci peuvent potentiellement porter atteinte au respect de la vie privée, mais cela est admissible car il s'agit de protéger les droits des tiers, et car les textes laissent subsister un délai raisonnable pour permettre aux enfants d'agir après leur majorité. C'est un brevet général de conventionnalité pour les textes du Code civil. Ensuite, la Cour de cassation s'assure que les juges du fond ont bien vérifié concrètement, dans l'espèce soumise, que l'application des articles du Code n'infligeait pas une atteinte disproportionnée à la vie privée de l'intéressée (c'est un contrôle dit *in concreto*[3]). En l'espèce, Mme Y avait disposé de deux ans pour agir après avoir appris la vérité sur sa filiation biologique[4].

---

1. Cass. Crim. 3 juin 1975, Respino, n° 75-90.687 (en l'espèce, le plaideur soutenait que des dispositions du Code de procédure pénale étaient contraires aux articles 5 et 6 de la Convention).
2. Cass. Crim. 3 mai 2006, n° 05-85.089, Winfield, JCP éd. E 2007, n° 1789.
3. Ce contrôle aurait permis le cas échéant d'écarter « l'application dans un cas particulier d'une disposition du Code civil, sans remettre en cause la règle elle-même » (A. Etienney-de Sainte Marie, *in* Les grandes décisions de la jurisprudence civile, Puf, 2024, n° 4).
4. Civ. 1°, 7 nov. 2018, n° 17-25.938, AJ Famille 2018 p. 685, obs. J. Houssier.

**Civ. 1°, 7 nov. 2018,
n° 17-25.938**

Attendu qu'ayant relevé que Mme Y..., née le [...], était devenue majeure le [...], de sorte que le délai pour agir en contestation de paternité expirait le [...] 2011, la cour d'appel en a exactement déduit que l'action en contestation de paternité engagée en décembre 2014, après l'expiration du délai de prescription prévu par la loi antérieure, était irrecevable ;

Attendu que, selon le moyen, cette solution porterait atteinte au droit au respect de la vie privée et familiale de Mme Y..., garanti par l'article 8 de la Convention de sauvegarde des droits de l'homme et des libertés fondamentales ; (...)

Attendu que ces dispositions sont applicables en l'espèce dès lors que, selon la jurisprudence de la Cour européenne des droits de l'homme, le droit à l'identité, dont relève le droit de connaître et de faire reconnaître son ascendance, fait partie intégrante de la notion de vie privée ;

Attendu que, si l'impossibilité pour une personne de faire reconnaître son lien de filiation paternelle constitue une ingérence dans l'exercice du droit au respect de sa vie privée, cette ingérence est, en droit interne, prévue par la loi, dès lors qu'elle résulte de l'application des textes précités du Code civil, qui définissent de manière claire et précise les conditions de prescription des actions relatives à la filiation ; que cette base légale est accessible aux justiciables et prévisible dans ses effets ;

Qu'elle poursuit un but légitime, au sens du second paragraphe de l'article 8 précité, en ce qu'elle tend à protéger les droits des tiers et la sécurité juridique ;

Que **les délais de prescription des actions en contestation de paternité ainsi fixés par la loi, qui laissent subsister un délai raisonnable pour permettre à l'enfant d'agir après sa majorité, constituent des mesures nécessaires pour parvenir au but poursuivi et adéquates au regard de cet objectif ;**

Que, cependant, il appartient au juge d'apprécier si, concrètement, dans l'affaire qui lui est soumise, la mise en œuvre de ces délais légaux de prescription ne porte pas une atteinte disproportionnée au droit au respect de la vie privée de l'intéressé, au regard du but légitime poursuivi et, en particulier, si un juste équilibre est ménagé entre les intérêts publics et privés concurrents en jeu ;

Attendu que l'arrêt relève, par motifs propres et adoptés, que Mme Y... n'a jamais été empêchée d'exercer une action tendant à faire établir sa filiation biologique, mais s'est abstenue de le faire dans le délai légal ; qu'il constate qu'alors qu'elle avait des liens affectifs avec Guy C...

> depuis sa petite enfance, elle a attendu son décès, le [...], et l'ouverture de sa succession pour exercer l'action ; qu'il ajoute qu'elle a disposé de délais très importants pour agir et qu'elle disposait encore d'un délai jusqu'au [...] 2011, lorsqu'elle a été rendue destinataire, le 6 février 2010, d'un test de paternité établissant, selon elle, de façon certaine, le lien de filiation biologique avec Guy C... ;
>
> Que de ces constatations et énonciations, dont il ressort que Mme Y... a eu la possibilité d'agir après avoir appris la vérité sur sa filiation biologique, **la cour d'appel a pu déduire que le délai de prescription qui lui était opposé** respectait un juste équilibre et qu'il **ne portait pas, au regard du but légitime poursuivi, une atteinte disproportionnée au droit au respect de sa vie privée et familiale** ;

B. Mise à l'écart de la loi inconventionnelle

56. – Quand le juge national estime qu'une loi n'est pas compatible avec la Convention EDH, il va en principe soigneusement motiver sa décision puisque celle-ci aboutit à refuser d'appliquer la loi litigieuse au cas d'espèce. Qu'un juge censé appliquer la loi se permette de la mettre à l'écart suscite toujours un peu la surprise voire l'indignation de certains[1]. On en donnera deux applications.

1. La loi MURCEF

57. – La question a été posée aux tribunaux de savoir si cette loi du 11 décembre 2001 portant des « mesures urgentes de réformes à caractère économique et financier » pouvait modifier les règles à appliquer dans les litiges ayant débuté avant sa promulgation. La Cour d'appel de Versailles en 2003 a audacieusement décidé de statuer en appliquant une solution posée par la Cour EDH, selon laquelle le législateur peut exceptionnellement modifier l'issue de litiges en cours, mais à condition de se fonder sur des motifs d'intérêt général, sans quoi le droit à un procès équitable

---

1. Cela a pu être qualifié de « spectaculaire », étant donné que le contrôle de conventionnalité « ne se distingue guère d'un contrôle de constitutionnalité, pourtant prohibé » devant le juge ordinaire (Ph. Malaurie et P. Morvan, Introduction générale, Defrénois, 2e éd. 2005, n° 308).

(article 6 de la Convention EDH) se trouverait violé[1]. Les juges d'appel recherchent donc si les dispositions de la loi MURCEF répondaient bien à des exigences d'intérêt général. Ils se réfèrent consciencieusement aux débats parlementaires qui ont abouti à l'adoption de la loi, or il en découle clairement que l'intervention précipitée du législateur visait à satisfaire le lobby des bailleurs qui réclamait que le Parlement brise une jurisprudence déplaisant à ces derniers ! La Cour d'appel conclut de manière cinglante que la disposition contestée était uniquement motivée par des intérêts particuliers ; elle ne doit donc pas s'appliquer aux instances en cours[2].

Le pourvoi formé contre cet arrêt versaillais a été ultérieurement rejeté par la Cour de cassation[3].

**Cass. Ass. plénière, 23 janv. 2004,
n° 03-13.617, SCI Le Bas Noyer**

Attendu que si le législateur peut adopter, en matière civile, des dispositions rétroactives, le principe de prééminence du droit et **la notion de procès équitable consacrés par l'article 6 de la Convention européenne de sauvegarde des droits de l'homme et des libertés fondamentales, s'opposent, sauf pour d'impérieux motifs d'intérêt général, à l'ingérence du pouvoir législatif dans l'administration de la justice afin d'influer sur le dénouement judiciaire des litiges** ; que cette règle générale s'applique quelle que soit la qualification formelle donnée à la loi et même lorsque l'État n'est pas partie au procès ;

Attendu qu'**il ne résulte ni des termes de la loi ni des travaux parlementaires que le législateur ait entendu répondre à un impérieux motif d'intérêt général** pour corriger l'interprétation juridictionnelle de l'article L. 145-38 du Code de commerce et donner à cette loi nouvelle une portée rétroactive dans le but d'influer sur le dénouement des litiges en cours ; que **dès lors, la cour d'appel**, peu important qu'elle ait qualifié la loi nouvelle d'interprétative, **a décidé à bon droit d'en écarter l'application** ; que par ces motifs substitués à ceux de la décision attaquée, l'arrêt se trouve justifié ;

Par ces motifs, rejette le pourvoi ; condamne la SCI Le Bas Noyer aux dépens.

---

1. Cour EDH 28 oct. 1999, Zielinski c/France, RTDCiv 2000, p. 436, obs. J.-P. Marguénaud.
2. CA Versailles 6 févr. 2003, D. 2003 p. 720, n. P.-Y. Gautier (cet auteur a vu dans la décision un bouleversement radical des sources du droit).
3. Cass. Ass. plénière 23 janv. 2004, RTDCiv 2004 p. 603, n. P. Deumier.

2. La loi Kouchner

58. – Au début des années 2000, plusieurs affaires similaires ont été tranchées, à partir de faits toujours un peu du même ordre, répliques de l'affaire Perruche : les parents d'un enfant né handicapé demandent réparation du préjudice subi par leur enfant du fait de sa naissance avec ce handicap (à la suite d'une erreur de diagnostic prénatal). À l'époque, ils peuvent compter sur une jurisprudence qui leur est favorable, à savoir l'arrêt Perruche[1]. Cependant, en pleine instance, est adoptée la loi Kouchner du 4 mars 2002 dont l'article 1er a pour objet de briser la jurisprudence Perruche. La Cour de cassation estime en 2006 que cette loi nouvelle ne peut pas être appliquée aux instances en cours, car ce serait violer l'article 1er du Protocole additionnel n° 1 à la Convention EDH, qui garantit le droit au respect des biens, donc des créances, donc des espoirs d'indemnisation[2].

Civ. 1°, 24 janvier 2006, n° 02-13.775

Vu l'article Ier du protocole n° 1 à la Convention de sauvegarde des droits de l'homme et des libertés fondamentales ensemble l'article Ier I de la loi n° 2002-303 du 4 mars 2002 relative aux droits des malades et à la qualité du système de santé, devenu l'article L. 114-5 du Code de l'action sociale et des familles, les articles 1165 et 1382 [anciens] du Code civil ;

Attendu que Mme X... a donné naissance, le 11 janvier 1996, à une enfant présentant de graves malformations de la colonne vertébrale ; que Mme X... et M. Y..., agissant tant en leur nom personnel qu'en leur qualité de représentants légaux de leur fille ont recherché la responsabilité de M. Z..., gynécologue-obstétricien qui avait pratiqué sept échographies ainsi que la réparation de leur préjudice moral et du préjudice subi par l'enfant du fait de son handicap, en faisant valoir que les échographies réalisées par ce praticien auraient dû permettre de diagnostiquer les malformations et d'envisager une interruption de la grossesse ;

---

1. Cass. Ass. plénière 17 nov. 2000, RTDCiv. 2001 p. 103, obs. J. Hauser.
2. Civ. 1°, 24 janvier 2006, n° 02-13.775, *in* Les grandes décisions du droit des personnes et de la famille, LGDJ, 2e éd. 2016, p. 77, obs. K. Salhi (le commentaire aborde les subtilités de la jurisprudence ultérieure : Civ. 1°, 15 déc. 2011, n° 10-27.473 ; 14 nov. 2013, n° 12-21.576).

> Attendu (...) que dès lors que les fautes commises par le médecin dans l'exécution de son contrat avec Mme X... avaient empêché celle-ci d'exercer son choix d'interrompre sa grossesse afin d'éviter la naissance d'**un enfant atteint d'un handicap, ce dernier pouvait, avant l'entrée en vigueur de la loi susvisée, demander la réparation du préjudice résultant de ce handicap et causé par les fautes retenues** ;
>
> Attendu que l'article 1er I de ladite loi, déclarée applicable aux instances en cours, énonce que « nul ne peut se prévaloir d'un préjudice du seul fait de sa naissance, que lorsque la responsabilité d'un professionnel de santé est engagée vis-à-vis des parents d'un enfant né avec un handicap non décelé pendant la grossesse à la suite d'une faute caractérisée, les parents peuvent demander une indemnité au titre de leur seul préjudice, que ce préjudice ne saurait inclure les charges particulières découlant tout au long de la vie de l'enfant, de ce handicap et que la compensation de ce dernier relève de la solidarité nationale » ;
>
> Attendu, toutefois, **que si une personne peut être privée d'un droit de créance en responsabilité, c'est à la condition, selon l'article 1er du protocole n° 1 à la Convention de sauvegarde des droits de l'homme et des libertés fondamentales, que soit respecté le juste équilibre entre les exigences de l'intérêt général et les impératifs de sauvegarde du droit au respect des biens ; que tel n'est pas le cas en l'espèce**, dès lors que la loi susvisée, en prohibant l'action de l'enfant et en excluant du préjudice des parents les charges particulières découlant du handicap de l'enfant tout au long de la vie, a institué un mécanisme de compensation forfaitaire du handicap, sans rapport raisonnable avec une créance de réparation intégrale, quand **Mme X... et M. Y... pouvaient en l'état de la jurisprudence, applicable avant l'entrée en vigueur de cette loi, légitimement espérer que leur fille serait indemnisée au titre du préjudice résultant de son handicap** ;
>
> D'où il suit que, ladite loi n'étant pas applicable au présent litige, la cassation est encourue ;

En réalité, le juge judiciaire ne fait ici que se soumettre à des arrêts de 2005 de la Cour EDH qui ont précisément condamné l'application de la loi Kouchner aux instances en cours[1].

---

1. Cour EDH 6 oct. 2005, Maurice c/France. Du même jour, arrêt Draon c/France, *in* Les grandes décisions de la jurisprudence civile, Puf, 2024, n° 10, note B. Haftel.

**Cour EDH 6 oct. 2005,
Maurice c/France**

Sur l'existence d'un « bien » et d'une ingérence dans le droit au respect de ce « bien »

72. La Cour relève que, en l'espèce, dans la mesure où la loi contestée concerne les instances engagées avant le 7 mars 2002 et pendantes à cette date, telles que celle des requérants, **cette ingérence s'analyse en une privation de propriété** au sens de la seconde phrase du premier alinéa de l'article 1er du Protocole n° 1 à la Convention. Il lui faut donc rechercher si l'ingérence dénoncée se justifie sous l'angle de cette disposition.

Sur la justification de l'ingérence

77. En l'espèce, le Gouvernement affirme que l'article 1er de la loi du 4 mars 2002 procède de motifs d'intérêt général relevant de trois domaines : l'éthique, et notamment la nécessité de se prononcer sur un choix fondamental de société, l'équité et la bonne organisation du système de santé (...). À cet égard, la Cour n'a pas de raisons de douter que **la volonté du législateur français de mettre un terme à une jurisprudence qu'il désapprouvait et de modifier l'état du droit en matière de responsabilité médicale**, même en rendant les nouvelles règles applicables aux situations en cours, **servait une « cause d'utilité publique »**. Une autre question est celle de savoir si ce but d'intérêt public pesait d'un poids suffisant dans le cadre de l'appréciation de la proportionnalité de l'ingérence.

82. (...) en l'espèce, l'article 1er de la loi du 4 mars 2002 a purement et simplement supprimé, avec effet rétroactif, une partie essentielle des créances en réparation, de montants très élevés, que les parents d'enfants dont le handicap n'avait pas été décelé avant la naissance en raison d'une faute, tels que les requérants, auraient pu faire valoir contre l'établissement hospitalier responsable. **Le législateur français a ainsi privé les requérants d'une « valeur patrimoniale » préexistante et faisant partie de leurs « biens »**, à savoir une créance en réparation établie dont ils pouvaient légitimement espérer voire déterminer le montant conformément à la jurisprudence fixée par les plus hautes juridictions nationales.

85. Enfin, la Cour estime que **les considérations liées à l'éthique, à l'équité** et à la bonne organisation du système de santé mentionnées par le Conseil d'État dans son avis contentieux du 6 décembre 2002 et invoquées par le Gouvernement, **ne pouvaient pas, en l'espèce, légitimer une rétroactivité dont l'effet a été de priver les requérants, sans**

indemnisation adéquate, d'une partie substantielle de leurs créances en réparation, leur faisant ainsi supporter une charge spéciale et exorbitante.

Une atteinte aussi radicale aux droits des intéressés a rompu le juste équilibre devant régner entre, d'une part, les exigences de l'intérêt général et, d'autre part, la sauvegarde du droit au respect des biens.

86. **L'article 1er de la loi du 4 mars 2002 a donc violé, dans la mesure où il concerne les instances qui étaient en cours** le 7 mars 2002, date de son entrée en vigueur, **l'article 1er du Protocole n° 1 à la Convention.**

Section 2
L'effet direct

59. – Ce terme désigne l'aptitude d'un texte, d'un droit, à être invoqué devant les tribunaux ; c'est donc sa capacité à produire des effets immédiats et à engendrer une prérogative que le juge doit sauvegarder. Le fonctionnement de l'effet direct a quelque chose de vertical car le plaideur oppose un texte à l'État, si bien que son argument « remonte » dans la pyramide des autorités. L'effet direct doit être précisé dans ses critères (**§ 1**) puis dans son étendue (**§ 2**).

§ 1 Les critères de l'effet direct

60. – Il est possible de se référer à deux critères pour déterminer si un texte est doté d'un effet direct. Quelle était l'intention des rédacteurs du texte (**A-**) ? Le texte possède-t-il un caractère self-executing (**B-**) ?

A. L'intention des rédacteurs du texte

61. – Pour savoir si un texte possède un effet direct, il faut d'abord rechercher si les rédacteurs de ce texte souhaitaient accorder un droit aux justiciables. À ce titre, il ne suffit pas que l'article premier d'une loi donnée qualifie un droit de fondamental.

Pour se prononcer, il convient d'examiner si le texte prévoit un mécanisme pour faire garantir le droit qui est proclamé. Par exemple, depuis 1970, l'article 9, alinéa 1er, du Code civil prévoit que « chacun a droit au respect de sa vie privée ». Ce texte consacre bien un droit ayant un effet direct car il accorde au juge, à l'alinéa 2, le pouvoir de réparer les atteintes infligées à ce droit et de prendre des mesures pour faire cesser ces mêmes atteintes. Cela ne signifie pas que la victime obtiendra forcément gain de cause, car il existe des atteintes *licites* à la vie privée. Par exemple, les employés d'une centrale nucléaire peuvent être contraints de passer régulièrement des tests anti-drogue ; l'argument fondé sur la liberté de leur vie privée ne permet pas de contester cette obligation car elle leur est imposée pour un motif de sécurité[1].

---
1. Cour EDH 7 nov. 2002, Madsen c/Danemark, JCP éd. E 2004, 334, n° 6.

L'intention des rédacteurs du texte permet aussi de déterminer si un traité possède un effet direct. Généralement, si les articles d'un traité commencent par la formule « toute personne a droit… », c'est un indice de l'invocabilité directe de ces articles. La solution est la même si le traité ouvre une possibilité de recours juridictionnel en cas de violation des droits énoncés. Au contraire, lorsqu'une disposition d'une convention internationale commence par les mots « les États signataires s'engagent à ce que… », cela témoigne d'une absence d'effet direct du texte[1].

B. Le caractère self-executing du texte

62. – C'est autrement dit le caractère auto-exécutoire d'un texte : il se suffit à lui-même, il est suffisamment complet pour servir de fondement à une action en justice. Le texte n'a pas besoin pour se concrétiser que le législateur adopte des dispositions supplémentaires.

Tous les accords internationaux n'ont pas ce caractère. Ainsi, l'Accord de Paris de 2015 sur le climat nécessite des actes complémentaires pour produire un effet direct[2].

Au sein d'un texte énumérant des droits, il faut parfois faire le tri entre les dispositions qui peuvent servir de fondement à un recours et celles qui ne formulent pas une règle assez précise pour cela. C'est la tâche qu'il faut réaliser à l'égard du Préambule de la Constitution de 1946. Lorsque l'alinéa 6 indique que « toute personne peut adhérer au syndicat de son choix », ce texte se suffit à lui-même (sous réserve qu'il y ait des syndicats) : il crée directement un droit dont la violation pourra être sanctionnée. Au contraire, l'alinéa 5 selon lequel « chacun a le droit d'obtenir un emploi », traduit seulement un objectif (celui que les Constituants s'étaient donné en 1946) si bien qu'un justiciable doit attendre l'adoption de dispositions permettant d'atteindre cet objectif politique. L'alinéa 7 du même Préambule s'avère être une disposition plus trompeuse. Il indique que « le droit de grève s'exerce dans le cadre des lois qui le réglementent ». Il était

---

1. Cass. Soc. 11 mai 2022, affaire dite du barème Macron (D. 2022 p. 2275, note T. Sachs, RDLF [en ligne] 2022, chron. n° 20 par S. Milleville), à propos de l'article 24 de la Charte sociale européenne ainsi rédigée : « les États signataires s'engagent à reconnaître aux salariés qui ont été licenciés sans motif valable le droit à une indemnité adéquate ».
2. CE 19 nov. 2020, Commune de Grande-Synthe, Petites affiches 8 avr. 2021, obs. A. David (mais les stipulations de l'accord doivent néanmoins être prises en considération dans l'interprétation des dispositions de droit national).

envisageable de voir ici l'énoncé d'un programme d'action ne constituant qu'une promesse, tant que des lois n'étaient pas adoptées pour le concrétiser. Pourtant, de manière volontariste, la jurisprudence judiciaire a très vite décidé que cet alinéa 7 consacrait à lui seul le droit de grève et qu'il disposait d'un effet direct[1].

§ 2 L'étendue de l'effet direct

63. – Un plaideur peut invoquer devant un juge les décisions des juridictions spécialisées en matière de droits fondamentaux. Ainsi, au lieu d'invoquer un article de la Convention EDH, un plaideur peut invoquer à son profit la jurisprudence de la Cour de Strasbourg, si bien que celle-ci bénéficie elle aussi d'un effet direct.

À l'origine, les juridictions françaises et singulièrement la Cour de cassation, étaient réticentes lorsqu'un plaideur invoquait un arrêt de la Cour EDH. Par exemple, en 1994, la chambre criminelle estime qu'il n'est pas possible de se fonder sur un arrêt de la Cour EDH car un tel arrêt « n'a aucune incidence directe en droit interne[2] ». Une telle formule ne serait plus utilisée aujourd'hui. La Cour de cassation n'est plus réfractaire, et elle s'appuie désormais ouvertement sur les arrêts de la Cour EDH. Ainsi dans une décision rendue en 2021, elle cite quatre arrêts de la Cour européenne (dont un seul a été rendu contre la France)[3]; en 2022, la première chambre civile s'appuie sur six décisions de la Cour EDH (dont aucune ne concerne la France) pour censurer la Cour d'appel de Rennes[4].

---

1. Cass. Soc. 27 mars 1952, D. 1952 p. 548 : l'exercice du droit de grève ne peut pas entraîner la rupture du contrat de travail. Il a été précisé par la suite que la référence dans l'alinéa 7 aux « lois qui le réglementent », signifie que seule une loi pourrait limiter le droit de grève.
2. Crim. 4 mai 1994, D. 1995 p. 80.
3. Civ. 1° 17 févr. 2021, n° 19-24.780, Dalloz actualité 17 mars 2021, obs. A. Panet.
4. Civ. 1re, 2 févr. 2022, n° 20-16.040, Association Red Pill, Comm. com. électr. 2022, n° 27, obs. A. Lepage.

**Civ. 1re, 2 févr. 2022, n° 20-16.040,
Association Red Pill**

7. Conformément à la jurisprudence de la Cour européenne des droits de l'homme, entre deux droits conventionnellement protégés, le juge national doit toujours procéder à une mise en balance des intérêts en présence afin de rechercher un équilibre entre les droits en concours et, le cas échéant, privilégier la solution la plus protectrice de l'intérêt le plus légitime (**CEDH, arrêt du 5 janvier 2000, Beyeler c. Italie**, n° 33202/96, point 107; **CEDH arrêt du 16 juillet 2014, Alisic et autres c. Bosnie-Herzégovine, Croatie, Serbie, Slovénie et l'ex-République yougoslave de Macédoine** [GC], n° 60642/08, point 108).

8. Selon cette jurisprudence, les restrictions à la liberté d'expression doivent répondre à un besoin social impérieux, en particulier lorsqu'elles concernent un sujet d'intérêt général, tel que la protection des animaux (**CEDH, arrêt du 30 juin 2009, Verein gegen Tierfabriken Schweiz c. Suisse** [GC], n° 32772/02, point 92; **CEDH, arrêt du 22 avril 2013, Animal Defenders International c. Royaume-Uni** [GC] n° 48876/08, points 103 à 105).

9. En outre, une association qui entend se prévaloir de la liberté d'expression au soutien de la défense de la cause animale doit, comme les journalistes, observer un comportement responsable et, partant, respecter la loi mais, si la violation de la loi constitue un motif pertinent dans l'appréciation de la légitimité d'une restriction, elle ne suffit pas, en soi, à la justifier, le juge national devant toujours procéder à cette mise en balance des intérêts en présence (**CEDH, arrêt du 10 décembre 2007, Atoll c. Suisse** [GC] n° 69698/01, point 112; **CEDH, arrêt du 20 octobre 2015, Pentikäinen c. Finlande** [GC], n° 11882/10, point 90).

64. – Se fonder sur un arrêt européen permet à la Cour de cassation de justifier ses solutions quand elles aboutissent à écarter, dans un litige, l'application de la loi française. On donnera deux exemples.

- Cass. Soc. 13 juin 2007, rendu au visa suivant: «vu l'article 6 § 1 de la Convention de sauvegarde des droits de l'homme et des libertés fondamentales tel qu'interprété par l'arrêt Arnolin et autres c/France du 9 janvier 2007 de la Cour européenne des droits de l'homme (…)[1]». La formule montre que le juge national doit non seulement appliquer

---

1. n° 05-45.694 et 05-45.696, RTDCiv. 2007 p. 536, note P. Deumier.

la Convention EDH (qui est une norme à respecter), mais aussi les décisions de la Cour EDH, qui font corps avec le texte de la Convention puisqu'elles en précisent la portée[1].

- Cass. Ass. plénière, 15 avril 2011 : dans plusieurs arrêts du même jour qualifiés de tonitruants par la doctrine[2], la Cour de cassation se fonde sur des décisions de la Cour EDH rendues contre la Turquie pour décider de protéger les droits des personnes gardées à vue en France[3]. Elle n'attend pas que le législateur français ait tiré lui-même les conséquences de ces arrêts en modifiant la loi française sur la garde à vue. C'est le signal adressé aux juges du fond qu'un plaideur peut invoquer devant un juge français un arrêt de la Cour EDH rendu contre un autre État ; on peut parler d'un effet immédiat en droit interne des arrêts européens[4].

Cass. Ass. Plénière, 15 avril 2011, n° 10-30.313

Attendu, selon l'ordonnance attaquée (Rennes, 25 janvier 2010), rendue par le premier président d'une cour d'appel, et les pièces de la procédure, que Mme Y..., de nationalité kenyane, en situation irrégulière en France, a été placée en garde à vue le 22 janvier 2010 à compter de 8 heures 15 ; qu'elle a demandé à s'entretenir avec un avocat commis d'office ; que l'avocat de permanence en a été informé à 8 heures 35 ; que Mme Y... a été entendue par les militaires de la gendarmerie de 9 heures 45 à 10 heures 10, puis de 10 heures 25 à 10 heures 55 ; qu'elle s'est entretenue avec un avocat à une heure non précisée ; que le préfet des Deux-Sèvres lui a notifié un arrêté de reconduite à la frontière et une décision de placement en rétention administrative le 22 janvier 2010 ; qu'il a saisi un juge des libertés et de la détention d'une demande de prolongation de la rétention ; que Mme Y... a soutenu qu'elle n'avait pas bénéficié de l'assistance d'un avocat dès le début de sa garde à vue

---

1. La doctrine parle de droit dérivé : Ph. Malinvaud et N. Labat, Introduction à l'étude du droit, Lexisnexis, 24ᵉ éd. 2024, n° 94.
2. RTDCiv. 2011, p. 725, obs. J.-P. Marguénaud.
3. *Cf.* obs. E. Dreyer *in* Les grands arrêts du droit des libertés fondamentales, éd. Dalloz, 2017, n° 89.
4. Lorsqu'un État se met au contraire à conditionner le respect des arrêts de la Cour EDH au fait qu'ils soient conformes à sa propre Constitution, cela préfigure une sortie du système de la Convention ; c'est ce qui s'est passé pour la Russie.

et pendant son interrogatoire ; que le procureur général près la cour d'appel a interjeté appel de la décision ayant déclaré la procédure de garde à vue irrégulière ;

Attendu que le procureur général près la cour d'appel de Rennes fait grief à l'ordonnance de refuser la prolongation de la rétention et d'ordonner la mise en liberté de Mme Y..., alors, **selon le moyen :**

1°/que **par application de l'article 46 de la Convention de sauvegarde des droits de l'homme** et des libertés fondamentales, **un État n'est tenu que de se conformer aux décisions rendues dans les litiges auxquels il est directement partie** ; (...)

Mais attendu que les États adhérents à la Convention de sauvegarde des droits de l'homme et des libertés fondamentales sont tenus de respecter les décisions de la Cour européenne des droits de l'homme, sans attendre d'être attaqués devant elle ni d'avoir modifié leur législation ;

Et attendu qu'après avoir retenu qu'**aux termes de ses arrêts Salduz c/Turquie et Dayanan c/Turquie rendus les 27 novembre 2008 et 13 octobre 2009, la Cour européenne des droits de l'homme a jugé que, pour que le droit à un procès équitable**, consacré par l'article 6 § 1 de la Convention de sauvegarde, **soit effectif et concret, il fallait**, en règle générale, **que la personne placée en garde à vue puisse bénéficier de l'assistance d'un avocat dès le début de la mesure et pendant ses interrogatoires**, le premier président qui a relevé, qu'en l'absence d'indication de l'heure à laquelle Mme Y... avait pu s'entretenir avec un avocat, il était impossible de savoir si elle avait bénéficié des garanties prévues à l'article 6 § 3, a pu en déduire que **la procédure n'était pas régulière**, et décider qu'il n'y avait pas lieu de prolonger la rétention ; que le moyen n'est pas fondé ; (...)

PAR CES MOTIFS : REJETTE le pourvoi ;

Section 3
L'effet horizontal

65. – Ce terme désigne l'aptitude d'un droit à rayonner jusque dans les relations entre individus c'est-à-dire entre personnes privées. Ici, le droit en question n'est plus invoqué verticalement contre l'État mais horizontalement contre l'employeur, le bailleur, le voisin… On parle aussi d'effet réflexe ou encore d'effet intégral.

Certaines règles ne peuvent pas avoir un effet horizontal car par nature elles n'imposent des obligations qu'à l'État. Par exemple, l'article 1er de la Constitution indique que « la République française respecte toutes les croyances ». Ce texte suggère que ce sont les autorités publiques qui sont débitrices de cette obligation. Pourtant, cela n'empêche pas une juridiction de proposer une interprétation différente et de faire produire un effet horizontal à ce type de disposition.

66. – Cela s'est produit dans une vieille affaire jugée par le Tribunal civil de la Seine en 1947. En l'espèce, les juges décident de se fonder sur l'alinéa 1er du préambule de la Constitution alors en vigueur, c'est-à-dire la Constitution de 1946, selon lequel « le peuple français proclame que tous les êtres humains sans distinction de race, de religion ou de croyance possèdent des droits inaliénables et sacrés ». En l'espèce, Madame Burdy avait par testament légué tous ses biens à sa petite fille « sauf si celle-ci épousait un juif ». Le tribunal considère que cette réserve discriminatoire viole l'alinéa 1er du préambule, qui pourtant ne semblait engager que l'État[1]. La décision montre que dans ce litige entre particuliers, un simple testament ne peut pas violer une disposition située à un rang éminemment supérieur dans la hiérarchie des normes.

---

1. Trib. civ. Seine, 22 janv. 1947, *in* Cl. Franck, Droit Constitutionnel, les grandes décisions de la jurisprudence, PUF, 1978, p 16. L'auteur souligne l'audace de cette décision, qui devance d'au moins une décennie la prise de position du Conseil d'État sur la valeur juridique du préambule constitutionnel.

**Tribunal civil de la Seine,
22 janv. 1947, Dame Burdy**

Attendu que par **testament** olographe du 1er juin 1944, la dame Marie Burdy a légué à sa petite-fille, Micheline Burdy, tous ses bijoux, son argenterie, ses meubles et ses fourrures nets de tous droits ; que dans un post-scriptum, dame Burdy a ajouté : « **Si ma petite-fille épousait un juif, je révoque le legs fait à son profit et j'en dispose au profit de l'œuvre des orphelins d'Auteuil** » ;

Attendu que la dame Burdy est décédée le 30 décembre 1944 ;

Attendu que cette condition doit être réputée non écrite aux termes de l'article 900 du Code civil ;

Attendu qu'en effet, non seulement **cette clause** porte atteinte à la liberté, qu'a la légataire, d'épouser la personne qu'elle aura choisie, mais elle **heurte** également **les règles d'ordre public, telles qu'elles résultent** de l'ordonnance du 9 août 1944, relative au rétablissement de la légalité républicaine sur le territoire, et **de la Constitution de la République française du 27 octobre 1946 ; qu'en effet, ce dernier texte a déclaré que le Peuple français proclamait à nouveau que tout être humain, sans distinction de race, de religion ou de croyance, possède des droits inaliénables et sacrés** ;

Attendu que la clause susvisée viole tous ces principes et est contraire à l'esprit de notre droit actuel qui est basé sur l'égalité de tous, sans aucune discrimination ; qu'elle est donc illicite à tous égards ; que la légataire a intérêt, dès maintenant, à en poursuivre l'annulation ;

Par ces motifs, déclare nulle comme illicite la condition insérée dans le testament de la dame Burdy.

67. – De manière similaire, l'article 10 de la Déclaration de 1789 selon lequel « nul ne peut être inquiété pour ses opinions, même religieuses », visait, lorsqu'il a été écrit, à accorder une protection aux individus *contre l'État*. Le texte a été pensé pour produire un effet vertical. Néanmoins, dans un État de droit, il paraît normal que les normes les plus élevées soient également respectées dans les rapports interindividuels. Si au XVIIIe siècle seules les autorités publiques menaçaient les libertés, désormais les puissances d'origine privée (géants du web, etc.) ont tout à fait les moyens de violer les droits des individus, ce qui justifie que ces derniers puissent aussi opposer leurs droits fondamentaux à ces puissances privées[1]. Il serait incohérent qu'un individu puisse invoquer ses libertés contre un préfet, mais pas contre une entreprise[2].

68. – Dans un litige entre individus, le juge peut se heurter à des difficultés :

- Le texte invoqué par l'une des parties peut ne pas avoir été rédigé pour des litiges entre particuliers. Il conviendra alors d'adapter le raisonnement au litige. Par exemple, l'article 8, § 2, de la Convention EDH indique qu'il ne peut y avoir d'ingérence *d'une autorité publique* dans la vie privée d'un individu, que si cela est nécessaire dans une société démocratique. Il faut considérer que si ce texte évoque uniquement les atteintes émanant d'une autorité publique, c'est parce que les rédacteurs de la Convention européenne envisageaient avant tout des citoyens confrontés à des mesures arbitraires d'origine *étatique*. Si l'atteinte à la vie privée émane d'une personne *privée* (employeur, bailleur…), il convient pareillement de s'assurer qu'elle était nécessaire à la protection d'intérêts légitimes.

- Si l'on fait respecter les droits fondamentaux entre individus, que faut-il imposer à chaque personne ? Chacun doit respecter les droits d'autrui (comme la liberté matrimoniale dans l'affaire Dame Burdy), mais peut-on demander à un simple individu d'aller au-delà et de déployer un arsenal de mesures pour garantir une jouissance de leurs droits essentiels aux autres personnes privées ? À l'évidence non, car seul l'État peut avoir l'obligation positive d'adopter des mesures pour rendre effectifs les droits fondamentaux des individus. Par exemple, seul l'État peut être tenu d'accorder à tous un minimum d'électricité pour faire face aux besoins vitaux ; mais on ne peut pas demander à des compagnies privées de fournir gratuitement du courant et du chauffage à ses clients mauvais payeurs ! En ce sens, la compagnie privée qui coupe les compteurs de tels clients ne viole pas l'article 3 de la Convention EDH, qui interdit les traitements dégradants (affaire jugée en Belgique en 1988)[3].

---

1. Sur cette thématique : J. Andriantsimbazovina (dir.), Puissances privées et droits de l'homme, éd. Mare et Martin, 2024.
2. Jean Rivero écrivait en 1969 que si les libertés restaient lettre morte dans les relations privées, ce serait de la part de l'État « une aberration, ou une hypocrisie » (*in* Mélanges R. Cassin).
3. CA Bruxelles 25 févr. 1988, qui relève qu'une société privée n'a pas l'obligation d'apporter, en lieu et place des pouvoirs publics, l'assistance financière dont ses clients ont besoin.

69. – On signalera à titre de comparaison qu'aux États-Unis, l'effet horizontal des droits constitutionnels n'existe pas, donc seuls l'État et l'administration doivent respecter les droits fondamentaux des particuliers[1]. Par exemple, le principe d'égalité reconnu par le 14e Amendement ne s'applique pas entre personnes privées[2]. Les individus entre eux semblent donc autorisés à pratiquer des discriminations ethniques. Toutefois, il faut relativiser ce constat car un tribunal étant un organe d'état, il ne pourra jamais donner gain de cause à un plaideur qui réclamerait l'application d'un acte discriminatoire. Par exemple, dans une célèbre affaire jugée en 1948, des propriétaires blancs d'un quartier avaient conclu entre eux un accord par lequel ils s'engageaient à ne pas vendre leur maison à des personnes de couleur[3]. En lui-même, cet accord ne pouvait pas être attaqué, faute d'effet horizontal du principe d'égalité. En revanche, lorsque l'un des propriétaires blancs viole cet accord et cède son terrain à une personne de couleur, aucun tribunal n'autorisera l'expulsion de cette dernière, malgré l'action des autres membres de l'accord, car un tribunal ne peut pas bafouer le principe d'égalité.

---

1. Il faut réserver le cas des personnes privées qui occupent la place normalement dévolue à l'administration, par exemple les partis politiques organisant des élections primaires. *Cf.* Th. Hochmann, RTDH 2021/2, p. 391.
2. Mais il faut compter avec les dispositions propres à chaque État qui peuvent interdire les discriminations.
3. Cour suprême (US) 3 mai 1948, Shelley v. Kraemer.

Chapitre 2
Les modalités d'application des droits fondamentaux

70. – Le fait que les droits fondamentaux bénéficient d'un rang normatif privilégié et soient invocables en justice ne signifie nullement qu'ils vont systématiquement l'emporter en cas de litige. En effet, ce sont pour l'essentiel des droits relatifs (**Section 1**). Leur autorité explique néanmoins pourquoi il existe un contrôle rigoureux des atteintes qui leur sont portées (**Section 2**).

Section 1
La relativité des droits fondamentaux

71. – Il est toujours *a priori* gênant de dire que les libertés n'ont rien d'absolues, notamment parce que les nazis ont commencé par dire que les libertés pouvaient être restreintes… Pourtant, en droit positif, il est acquis que l'on puisse limiter et concilier les droits fondamentaux (**§ 1**). Il existe néanmoins une garantie plancher : chaque droit fondamental consacré doit être respecté dans son contenu essentiel, c'est-à-dire dans sa substance même (**§ 2**).

§ 1 Limitation et conciliation des droits fondamentaux

72. – Des libertés illimitées ne sont concevables que pour un individu solitaire vivant sur une île déserte. Dans une société organisée au contraire, chacun doit subir des restrictions à ses libertés pour que les autres citoyens puissent jouir eux aussi de ces libertés. Donc, chaque droit connaît une limitation congénitale, qui se justifie par la multiplicité et la concurrence des droits fondamentaux (**A-**), la question se posant juste de savoir si le droit au respect de la dignité mérite un traitement particulier (**B-**). Quand la conciliation est impossible, il faut nécessairement accepter d'établir une hiérarchie entre les intérêts en présence (**C-**).

A. Limitation congénitale et concessions réciproques

73. – Même les droits fondamentaux peuvent subir des limitations, des aménagements, des restrictions. La Cour de cassation l'a formulé dans les années 1950 à propos du droit de grève, et seuls certains syndicalistes essaient encore de convaincre les salariés que ce droit serait absolu. La

Cour a indiqué : « la reconnaissance du droit de grève par le Préambule de la Constitution de 1946 ne saurait avoir pour conséquence d'exclure les limitations qui doivent lui être apportées *comme à tout autre droit*[1] ».

Lorsque dans un litige deux libertés s'opposent, le juge va tenter de les faire coexister, de les combiner, de les concilier. Pour cela, il va revoir à la baisse les effets habituellement engendrés par chacun des deux droits, pour qu'ainsi diminués, ils puissent s'appliquer simultanément[2]. Autrement dit, chaque titulaire d'un droit va devoir faire des concessions donc renoncer au plein exercice de sa liberté, afin que les autres individus puissent profiter eux aussi de leurs droits tout aussi légitimes.

74. – On en donnera deux illustrations.

- Conflit entre une école privée catholique et l'un de ses enseignants homosexuel. Il convient de concilier la liberté de la vie privée de l'enseignant, et la liberté de l'école qui va invoquer son droit de gérer sa structure comme elle l'entend, en préservant sa réputation et en ayant du personnel respectant les convictions défendues par l'établissement. Concrètement, l'école pourra demander à l'enseignant de faire preuve de discrétion, pourra lui interdire de faire du militantisme en classe ; de son côté, l'école ne pourra absolument pas congédier l'enseignant au seul motif de son orientation sexuelle[3].

- Sortie en salle du film « La dernière tentation du Christ ». Ce film pouvait paraître blessant pour les catholiques, mais l'interdiction du film devait être écartée du fait de la liberté d'expression. Le juge saisi en référé va décider que le film pourra être diffusé en salles, mais qu'il faudra prévoir un avertissement au début du film afin que des croyants ne puissent pas y être exposés involontairement. Se trouvent ainsi conciliés la liberté d'expression artistique et le respect dû aux croyances[4].

---

1. Cass. Civ. (sect. soc.) 27 janv. 1956, D. 1956 p. 481. La formule provient de l'arrêt Dehaene (CE 7 juill. 1950).
2. *Cf.* Les atteintes aux droits fondamentaux dans les actes juridiques privés, Presses universitaires d'Aix-Marseille, 2003, n° 100.
3. *Cf.* le célèbre arrêt Painsecq (Cass. Soc. 17 avr. 1991, Les grands arrêts du droit des libertés fondamentales, Dalloz, 4ᵉ éd. 2023, n° 94, obs. A. Martinon).
4. Civ. 1°, 29 oct. 1990, n° 88-19.366.

**Civ. 1°, 29 oct. 1990,
n° 88-19.366**

Attendu qu'un film intitulé La dernière tentation du Christ, réalisé par M. Y... et produit par la société MCA INC Universal, d'après le roman de Nikos X..., a été distribué en France par la société United International Pictures et projeté dans des salles publiques à partir de septembre 1988 ; qu'un certain nombre de personnes et d'associations, actuellement demanderesses au pourvoi, estimant que ce film portait atteinte au respect dû aux sentiments les plus profonds des chrétiens et, de façon générale, à toutes les convictions religieuses, en ont demandé l'interdiction et la saisie sur le fondement de l'article 809, alinéa 1er, du nouveau Code de procédure civile ; que la cour d'appel (Paris, 27 septembre 1988), statuant en référé, a ordonné que tous les instruments de publicité du film soient accompagnés d'un avertissement, dont elle a précisé le texte ; (...)

Mais attendu que **le principe de la liberté d'expression, notamment en matière de création artistique, d'une part, comme, d'autre part, celui du respect dû aux croyances et le droit de pratiquer sa religion étant d'égale valeur, il appartenait aux juges du fait de décider des mesures appropriées à faire respecter ce nécessaire équilibre** ; que sans nier la possibilité d'abus de droit en de pareils domaines, qui constitueraient alors des troubles manifestement illicites, la cour d'appel, – qui a relevé qu'**il y avait lieu d'éviter « que quiconque se trouve, parce que non prévenu, en situation d'être atteint dans ses convictions profondes « au même titre que de ne pas porter atteinte à la liberté d'expression** – a pu estimer qu'il n'y avait pas eu, en la circonstance, trouble manifestement illicite et décider souverainement des mesures les plus appropriées à préserver le juste équilibre des droits et libertés en cause (...).

B. La dignité : un droit à part ?

75. – Une question classique consiste, en matière de conciliation des libertés entre elles, à se demander si certains droits n'auraient pas un statut à part, qui leur interdirait de subir la moindre restriction. Existe-t-il des droits fondamentaux qui l'emportent toujours sur les autres droits ? La question se pose essentiellement pour un droit : celui relatif au respect de la dignité humaine.

Au XVIIe siècle, le juriste Grotius retenait en ce sens que la dignité était un droit immuable[1]. L'article 16 du Code civil, issu d'une loi de 1994, semble s'en inspirer : il interdit toute atteinte à la dignité de la personne, sans envisager d'exceptions ou d'assouplissements possibles. Les tribunaux peuvent en déduire que lorsqu'une atteinte à la dignité est caractérisée, elle doit forcément être sanctionnée, sans même qu'il y ait à se demander si des intérêts concurrents sont en jeu.

76. – On peut mentionner à ce titre deux applications remarquables :

- Affaire Érignac : un magazine publie une photo dévoilant le visage de ce préfet assassiné, gisant sur la chaussée. Le cliché est jugé attentatoire à la dignité humaine. Sa publication est donc illicite, sans que le magazine puisse invoquer la liberté d'information du public, pourtant garantie au titre de l'article 10 de la Convention européenne[2].

- Affaire des spectacles de Dieudonné : les propos antisémites tenus par l'humoriste dans ses représentations précédentes sont jugés contraires à la dignité humaine ; dès lors, un spectacle identique doit être interdit[3], sans qu'il y ait même à se demander s'il ne s'agit pas d'une atteinte excessive à la liberté d'expression[4].

---

1. Cette conception a laissé des traces, notamment à l'article 1er de la Loi Fondamentale allemande (1949), selon lequel « la dignité de l'être humain est intangible ». Au nom de cette disposition, la Cour constitutionnelle allemande, le 15 février 2006, juge contraire à la dignité humaine qu'une loi autorise l'armée à abattre un avion civil détourné par des terroristes, et cela même s'il s'agit d'épargner des vies humaines à terre. La vie des passagers qui sont à bord de l'avion doit être défendue sans condition. *Cf.* RDP 2007 p. 1663s, chron. M. Fromont.
2. Civ. 1°, 20 déc. 2000, n° 98 13.875, D. 2001 p. 872, obs. J.-P. Gridel. Au contraire, si le cliché ne porte pas atteinte à la dignité, c'est la liberté de communication des informations qui prime : Cass. civ. 1re, 20 févr. 2001, commenté par L. Miniato *in* B. Beignier et C. Bléry, Introduction au droit, éd. Montchrestien 2006, p. 528.
3. Il s'agit bien d'une censure, fondée sur l'idée que « celui qui a fauté fautera » (X. Bioy, Droits fondamentaux et libertés publiques, LGDJ, 6e éd. 2020, n° 1113).
4. CE (réf.) 9 janv. 2014, Ministre de l'intérieur c/Dieudonné, AJDA 2014, p. 866, note J. Petit.

CE (réf.) 9 janv. 2014, Ministre de l'intérieur c/Dieudonné

Vu la Constitution, notamment le Préambule ;

Vu la convention européenne de sauvegarde des droits de l'homme et des libertés fondamentales (...)

4. Considérant que l'exercice de la liberté d'expression est une condition de la démocratie et l'une des garanties du respect des autres droits et libertés ; qu'il appartient aux autorités chargées de la police administrative de prendre les mesures nécessaires à l'exercice de la liberté de réunion ; que les atteintes portées, pour des exigences d'ordre public, à l'exercice de ces libertés fondamentales doivent être nécessaires, adaptées et proportionnées ;

5. Considérant que, pour interdire la représentation à Saint-Herblain du spectacle « Le Mur », précédemment interprété au théâtre de la Main d'Or à Paris, **le préfet de la Loire-Atlantique a relevé que ce spectacle, tel qu'il est conçu, contient des propos de caractère antisémite, qui incitent à la haine raciale, et font, en méconnaissance de la dignité de la personne humaine, l'apologie des discriminations, persécutions et exterminations perpétrées au cours de la Seconde Guerre mondiale** ; que l'arrêté contesté du préfet rappelle que M. B... D... a fait l'objet de neuf condamnations pénales, dont sept sont définitives, pour des propos de même nature ; qu'il indique enfin que **les réactions à la tenue du spectacle du 9 janvier font apparaître, dans un climat de vive tension, des risques sérieux de troubles à l'ordre public qu'il serait très difficile aux forces de police de maîtriser** ;

6. Considérant que la réalité et la gravité des risques de troubles à l'ordre public mentionnés par l'arrêté litigieux sont établies tant par les pièces du dossier que par les échanges tenus au cours de l'audience publique ; qu'au regard du spectacle prévu, tel qu'il a été annoncé et programmé, les allégations selon lesquelles les propos pénalement répréhensibles et de nature à mettre en cause la cohésion nationale relevés lors des séances tenues à Paris ne seraient pas repris à Nantes ne suffisent pas pour écarter le risque sérieux que soient de nouveau portées de graves atteintes au respect des valeurs et principes, notamment de dignité de la personne humaine, consacrés par la Déclaration des droits de l'homme et du citoyen et par la tradition républicaine ; qu'il appartient en outre à l'autorité administrative de prendre les mesures de nature à éviter que des infractions pénales soient commises ; qu'ainsi, **en se fondant sur les risques que le spectacle projeté représentait pour l'ordre public et sur la méconnaissance des principes au respect desquels il incombe aux autorités de l'État de veiller, le préfet de la Loire-Atlantique n'a pas commis, dans l'exercice de ses pouvoirs de police administrative, d'illégalité grave et manifeste** (...).

77. – Il existe pourtant des contentieux dans lesquels la dignité a été mise en balance avec d'autres intérêts, ce qui montre que la dignité n'est finalement pas soumise à un régime spécifique. On en donnera quatre illustrations.

- Décision du Conseil constitutionnel « IVG 2 »[1] : le conseil devait se prononcer sur l'allongement à douze semaines du délai pendant lequel peut être pratiquée une IVG par une femme en situation de détresse. La disposition n'est pas censurée car selon le Conseil, le législateur n'a pas rompu l'équilibre à ménager entre la liberté de la femme et la sauvegarde de la dignité du fœtus. Un bon compromis a été trouvé, ce qui montre qu'il était approprié de procéder à une conciliation, alors même que la dignité était en jeu.
- Décision du Conseil constitutionnel à propos de la loi du 13 avril 2016 pénalisant les clients des personnes prostituées[2] : le conseil estime que le législateur a correctement concilié la liberté personnelle des clients et la sauvegarde de la dignité des personnes prostituées.
- Cass. Ass. plénière 25 octobre 2019, Marine Le Pen c/Laurent Ruquier[3]. Dans une émission télévisée, l'animateur montre des dessins de Charlie Hebdo comparant Marine Le Pen à des excréments. Celle-ci porte plainte pour injure mais l'animateur est relaxé, et la Cour d'appel de Paris rejette la demande de dommages et intérêts de Marine Le Pen. L'assemblée plénière de la Cour de cassation juge que les limites de la liberté d'expression n'ont pas été dépassées : montrer les dessins était permis. Elle ajoute que l'atteinte à la dignité de Madame Le Pen n'interdisait pas une mise en balance des intérêts en présence ; il faut donc bien prendre en compte la liberté d'expression, malgré l'atteinte à la dignité[4].

---

1. CC 27 juin 2001, JCP 2001 p. 2215, obs. Cl. Franck
2. CC 1er févr. 2019 (QPC), RSC 2019 p. 85, obs. Y. Mayaud.
3. D. 2020 p. 195, note M. Afroukh et J.-P. Marguénaud ; E. Raschel, La liberté d'expression ne s'arrête plus là où commence la dignité d'autrui, Communication Commerce électronique 2020, étude 4. Cf. aussi infra n° 110.
4. Dans une première décision de 2016, la Cour de cassation avait au contraire jugé que les limites de la liberté d'expression avaient été dépassées, ce qui revenait à faire triompher le respect de la dignité.

- Cass. Ass. plénière 17 nov. 2023, exposition Infamille[1]. La dignité ne figurant pas dans les motifs de restriction à la liberté d'expression listés à l'article 10, § 2, de la Convention européenne[2], la Cour estime que l'article 16 du Code civil, qui interdit toute atteinte à la dignité, n'est pas suffisant pour justifier une restriction à la liberté de création artistique. C'est cette dernière qui l'emporte, au grand dam d'une association pour « le respect de l'identité française et chrétienne » qui voyait dans le contenu de cette exposition un message portant gravement atteinte à la dignité humaine[3].

C. La conciliation impossible : la hiérarchie des intérêts

78. – En cas d'affrontement insoluble entre deux droits, la règle générale imposant une conciliation trouve ses limites, et il n'y a pas d'autre solution que d'établir une hiérarchie entre les intérêts en présence[4]. On donnera deux illustrations.

- Cour EDH, grande ch., 10 avril 2007, Evans c/Royaume-Uni. Un couple se déchire au sujet d'embryons réalisés avec leur matériel génétique. Ces embryons constituent le seul moyen pour Madame Evans d'avoir des enfants naturels car un cancer l'a conduite depuis à faire une ovariectomie. Mais son ancien compagnon, J., décide comme le lui permet la loi anglaise, de retirer son consentement à l'implantation des embryons souhaitée par Madame Evans. Celle-ci saisit les juges anglais afin que soit ordonné à J. de rétablir son consentement ; en vain. La Cour EDH doit déterminer si les autorités britanniques ont violé la

---

1. n° 21-20.723, JCP 2023, n° 1440, note E. Dreyer ; Les grandes décisions de la jurisprudence civile, Puf, 2024, n° 19, note A. Marais.
2. Cet argument paraît factice, tant l'entièreté de la Convention vise à défendre la dignité humaine. Il s'agit d'une « exigence transversale » : F. Krenc, Une Convention et une Cour pour les droits fondamentaux, la démocratie et l'état de droit en Europe, éd. Anthemis, 2023, n° 53.
3. Les textes affichés dans le cadre de l'exposition étaient extrêmement violents et pédopornographiques, dans la veine des écrits les plus scabreux de Sade ou Apollinaire.
4. En un sens, c'est que retient la Cour de cassation lorsque face à deux droits ayant une valeur normative identique, elle estime que le juge a le devoir de rechercher leur équilibre et « le cas échéant, de privilégier la solution la plus protectrice de l'intérêt le plus légitime » (Cass. Civ. 1re, 9 juill. 2003, n° 00-20.289, D. 2004 p. 1633, obs. C. Caron ; Civ. 1re, 2 févr. 2022, n° 20-16.040, Association Red Pill, reproduit *supra* n° 63).

vie privée de Madame Evans, protégée par l'article 8. La difficulté ici est que J. tire du même article 8 le droit, ici antagoniste, au respect de sa décision de ne pas devenir parent. Autoriser l'implantation revient à nier la liberté de J. de ne pas devenir père ; permettre à J. de retirer son consentement prive Madame Evans de son unique possibilité de devenir mère au sens génétique du terme. La Cour va décider de ne pas condamner Royaume-Uni, car il n'y a pas lieu d'accorder davantage de poids au respect du choix de Madame Evans de devenir mère, qu'à celui concurrent de J. au respect de sa volonté de ne pas avoir un enfant biologique avec elle[1]. Cette affaire conduit donc bien, même si la Cour EDH ne l'énonce pas ainsi, à établir une hiérarchie entre le droit à être mère et la liberté de ne pas devenir père ; c'est cette dernière prétention qui prime.

**Cour EDH, grande ch., 10 avril 2007,
Evans c/Royaume-Uni**

73. Le dilemme au cœur de la présente affaire tient au fait que se trouvent en conflit les droits puisés dans l'article 8 par deux individus : la requérante et J. En outre, **l'intérêt de chacun est totalement inconciliable avec celui de l'autre**, puisque si la requérante est autorisée à recevoir les embryons, J. sera contraint de devenir père, et que si le refus ou la révocation par J. de son consentement est confirmé, la requérante se verra privée de la possibilité de devenir parent au sens génétique du terme. Dans les circonstances difficiles de l'espèce, quelle que soit la solution adoptée par les autorités nationales, les intérêts de l'une des parties au traitement par FIV seront entièrement déçus (...).

90. Quant à l'équilibre ménagé entre les droits conflictuels que les parties à un traitement par FIV peuvent puiser dans l'article 8, la Grande Chambre, tout comme les autres juridictions ayant eu à connaître de l'affaire, compatit à la situation de la requérante, qui désire manifestement par-dessus tout un enfant de son sang. Toutefois, eu égard à ce qui précède, et notamment à l'absence de consensus européen sur la question (...), **la Grande Chambre estime qu'il n'y a pas lieu d'accorder**

---

1. Cour EDH, grande ch., 10 avril 2007, Evans c/Royaume-Uni, Rev. dr. sanitaire et social 2007 p. 810, note D. Roman.

> davantage de poids au droit de la requérante au respect de son choix de devenir parent au sens génétique du terme qu'à celui de J. au respect de sa volonté de ne pas avoir un enfant biologique avec elle.
>
> **92. Eu égard à l'absence de consensus européen**, au fait que les dispositions du droit interne étaient dépourvues d'ambiguïté, qu'elles avaient été portées à la connaissance de la requérante et qu'elles ménageaient un juste équilibre entre les intérêts en conflit, **la Grande Chambre estime qu'il n'y a pas eu violation de l'article 8 de la Convention.**

- Cour EDH 26 novembre 2015, Ebrahimian c/France. Madame Ebrahimian est une agent publique française qui est assistante sociale dans un centre de soins hospitaliers. Son CDD n'est pas renouvelé car elle porte le voile et que plusieurs patients se sont plaints dans le centre où elle exerce. Madame Ebrahimian invoque naturellement sa liberté religieuse. La Cour EDH admet l'absence de conciliation possible entre les convictions religieuses de la requérante et l'obligation de s'abstenir de les manifester au nom de la laïcité[1] et de la neutralité imposées aux agents publics[2]. Pour la Cour, les juridictions françaises n'ont pas outrepassé leur marge d'appréciation en faisant prévaloir la neutralité[3] et la laïcité, car ces principes poursuivent l'objectif de protéger les droits et libertés d'autrui (on comprend ici que les droits d'autrui doivent l'emporter sur la liberté religieuse *d'une seule personne*).

---

1. Le mot laïcité apparaît 77 fois dans l'arrêt. Sur toutes les implications de cette notion : M. Philip-Gay, Droit de la laïcité, Ellipses, 2ᵉ éd. 2024.
2. Cour EDH 26 nov. 2015, Ebrahimian c/France, AJDA 2016, p. 528, note J. Andriantsimbazovina.
3. V. également Cour EDH 18 sept. 2018, Lachiri c/Belgique, § 45 : dans un établissement public, « le respect de la neutralité à l'égard des croyances peut primer sur le libre exercice du droit de manifester sa religion ».

**Cour EDH 26 nov. 2015,
Ebrahimian c/France**

53. Eu égard aux circonstances de la cause et au motif retenu pour ne pas renouveler le contrat de la requérante, à savoir l'exigence de neutralité religieuse dans un contexte de vulnérabilité des usagers du service public, la Cour estime que l'ingérence litigieuse poursuivait pour l'essentiel le but légitime qu'est la protection des droits et libertés d'autrui (…). **Il s'agissait en l'espèce de préserver le respect de toutes les croyances religieuses et orientations spirituelles des patients, usagers du service public et destinataires de l'exigence de neutralité imposée à la requérante, en leur assurant une stricte égalité.** L'objectif était également de veiller à ce que ces usagers bénéficient d'une égalité de traitement sans distinction de religion. **La Cour rappelle** (…) également **que la sauvegarde du principe de laïcité constitue un objectif conforme aux valeurs sous-jacentes de la Convention** (…). Dans ces conditions, la Cour est d'avis que l'interdiction faite à la requérante de manifester ses convictions religieuses dans l'exercice de ses fonctions poursuivait un objectif de protection « des droits et libertés d'autrui » et que cette restriction ne devait pas nécessairement être motivée, en plus, par des contraintes de « sécurité publique » ou de « protection de l'ordre » qui figurent au second paragraphe de l'article 9 de la Convention.

65. (…) Quant à la marge d'appréciation reconnue à l'État en l'espèce, la Cour observe qu'une majorité d'États au sein du Conseil de l'Europe ne réglementent pas le port de vêtements ou symboles à caractère religieux sur le lieu de travail, y compris pour les fonctionnaires (…) et que seuls cinq États (sur vingt-six) dont la France sont recensés comme interdisant totalement le port de signes religieux à leur égard. Toutefois, (…) il convient de prendre en compte le contexte national des relations entre l'État et les Églises, qui évolue dans le temps, avec les mutations de la société. Ainsi, la Cour retient que **la France a opéré une conciliation entre le principe de neutralité de la puissance publique et la liberté religieuse**, déterminant de la sorte l'équilibre que doit ménager l'État entre des intérêts privés et publics concurrents ou différents **droits** protégés par la Convention (…), **ce qui laisse au gouvernement défendeur une ample marge d'appréciation** (…).

70. La Cour relève que **la requérante**, pour qui il était important de manifester sa religion par le port visible d'un voile en raison de ses convictions religieuses, s'exposait à la lourde conséquence d'une procédure disciplinaire. Cependant, il ne fait pas de doute que, postérieurement à la publication de l'avis du Conseil d'État du 3 mai 2000, elle **savait qu'elle était tenue de se conformer à une obligation de neutralité vestimentaire** au cours de l'exercice de ses fonctions (…). L'administration le lui a rappelé et lui a demandé de reconsidérer le port de son voile.

> C'est en raison de son refus de se conformer à cette obligation que la requérante s'est vu notifier le déclenchement de la procédure disciplinaire, indépendamment de ses qualités professionnelles. Elle a alors bénéficié des garanties de la procédure disciplinaire ainsi que des voies de recours devant les juridictions administratives. (…) Dans ces conditions, la Cour estime que **les autorités nationales n'ont pas outrepassé leur marge d'appréciation en constatant l'absence de conciliation possible entre les convictions religieuses de la requérante et l'obligation de ne pas les manifester puis en décidant de faire primer l'exigence de neutralité et d'impartialité de l'État.**

§ 2 Respect absolu de la substance de chaque droit fondamental

79. – Cette question passionne une partie de la doctrine, mais elle est souvent éludée du fait de son fort niveau d'abstraction. Déjà que pour certains, les droits fondamentaux demeurent une notion énigmatique, que dire de la substance de ces droits[1] ! Pourtant, à titre d'exemple, les Constitutions allemande et espagnole indiquent clairement que chaque liberté possède un noyau intangible que l'on ne saurait heurter. Toute la difficulté consiste néanmoins à définir pour chaque droit ce qui en constitue la substance indérogeable. Il est très rare que les Constitutions s'y aventurent[2]. C'est donc le juge, constitutionnel notamment, qui déterminera ce noyau dur, pour chaque droit, au gré des affaires qui lui sont soumises. D'un point de vue théorique, on peut dire que la substance même d'une liberté est touchée si et seulement si se trouvent bloquées toutes les possibilités d'exercer cette liberté.

---

1. Une partie de la doctrine juge la notion de droit fondamental incertaine et qualifie d'indéterminable la notion de substance : v. par exemple E. Ballot, Les insuffisances de la notion de droits fondamentaux, éd. Mare et martin, 2014, p. 47s et 431s.
2. Dans certains cantons suisses, il est indiqué dans la Constitution que le noyau dur de la liberté de croyance réside dans l'interdiction de contraindre une personne à exécuter un acte religieux ; ce serait en effet la négation même de la liberté de ne pas croire.

80. – Ce théorème mérite d'être illustré.

- Cour EDH, 2 oct. 2001, Pichon et Sajous c/France[1] : deux pharmaciens avaient été condamnés par les juridictions françaises pour avoir refusé de vendre la pilule contraceptive ; ils soulignaient que leur refus ne faisait qu'exprimer leur liberté de conscience et de religion (ils sont de fervents catholiques). La Cour EDH écarte cet argument et ne condamne pas la France. Elle relève que les pharmaciens, qui n'ont pas à imposer leurs convictions à leur clientèle, conservent la possibilité de manifester leurs convictions religieuses de multiples manières en dehors de leur sphère professionnelle. En d'autres termes, ces pharmaciens ne sont pas victimes d'une atteinte à la substance même de leur liberté de conscience ; ils peuvent l'exercer à d'autres moments.

- Cour EDH 18 décembre 2007, Marini c/Albanie : une personne avait fait un recours devant la Cour constitutionnelle albanaise. Cette Cour, du fait d'un partage des voix en son sein, ne rend aucune décision. Le droit du plaideur d'obtenir une décision de justice, protégé par l'article 6 de la Convention EDH, se trouve privé de toute efficacité ; c'est une atteinte à la substance même du droit d'accès à un tribunal. L'Albanie a donc violé l'article 6.

Cour EDH 18 déc. 2007, Marini c/Albanie

120. La Cour rappelle que l'article 6 de la Convention n'astreint pas les États contractants à créer des cours d'appel ou de cassation. Néanmoins, un État qui se dote de juridictions de cette nature a l'obligation de veiller à ce que les justiciables jouissent auprès d'elles des garanties fondamentales de l'article 6 (...). Ces garanties comportent **le droit pour chacun de voir son affaire tranchée définitivement** y compris, dans le cas du requérant, celui d'obtenir une décision sur la recevabilité et/ou sur le bien-fondé de son recours constitutionnel.

121. Dans l'affaire du requérant, la Cour constitutionnelle a en fait refusé de se prononcer. Le Gouvernement affirme que le rejet du grief du requérant n'entraîne pas des conséquences permanentes pour ce dernier dans la mesure où il aurait toujours la possibilité de former un nouveau recours dès que les « circonstances » ayant abouti à l'absence de décision de la Cour constitutionnelle auraient changé. La Cour

---

1. JCP éd. F, 2002, n° 1045.

> ne saurait toutefois admettre que la simple possibilité d'un changement de circonstances et, pour le requérant, celle de voir son recours tranché définitivement dans un avenir mal défini puissent satisfaire aux exigences de la sécurité juridique.
>
> **122. Le fait que la Cour constitutionnelle n'a pas pu se prononcer** à la majorité sur les solutions proposées a privé le requérant d'un jugement définitif sur son affaire et, partant, **a porté atteinte à son droit d'accès à un tribunal dans sa substance même. Il y a donc eu de ce fait violation de l'article 6 § 1 de la Convention.**

- Cour EDH 5 mars 2009, Barraco c/France : un chauffeur-routier participe à une opération escargot et bloque une autoroute. Il manifeste ainsi pendant plusieurs heures. Il est cependant interpellé et finalement condamné pour entrave à la liberté de circulation à trois mois d'emprisonnement avec sursis et 1 500 € d'amende. Pour la Cour européenne, cette sanction ne constitue pas une atteinte à la substance même de la liberté de manifester ses opinions[1] : cette liberté a pu être mise en œuvre par le chauffeur-routier, seule sa durée a été limitée, ce qui est normal dans une société démocratique qui garantit aux autres automobilistes la liberté de circulation et de déplacement.

- Cour EDH, grande chambre, 13 juillet 2012, Mouvement Raëlien suisse c/Suisse : pour protéger les bonnes mœurs, les autorités helvètes avaient interdit à une association sectaire de poser des affiches représentant des extra-terrestres et des soucoupes volantes. On ne saurait y voir une violation de la liberté d'expression (garantie par l'article 10 de la Convention)[2], dès lors que l'interdiction ne concernait que le domaine public. L'association n'a pas été privée de ses droits puisqu'elle pouvait toujours s'exprimer librement par d'autres canaux, notamment *via* internet.

---

1. Dalloz actualité 23 mars 2009, obs. S. Lavric.
2. Dans cette affaire, la Cour a estimé qu'il s'agissait plus d'un discours commercial que politique. Le constat de non-violation de l'article 10 n'a été retenu que par neuf voix contre huit.

**Cour EDH, grande ch., 13 juill. 2012,
Mouvement Raëlien suisse c/Suisse**

62. En l'espèce, la Cour observe que l'on peut raisonnablement soutenir que la campagne en cause visait pour l'essentiel à attirer l'attention du public sur les idées et les activités d'un groupe à connotation censément religieuse entendant véhiculer un message prétendument transmis par des extraterrestres, et mentionnant à cette fin un lien Internet. (…) Même si **le discours de la requérante** échappe au cadre publicitaire – il ne s'agit pas d'inciter le public à acheter un produit particulier – il n'en demeure pas moins qu'il **s'apparente davantage au discours commercial qu'au discours politique** au sens strict en ce qu'il vise à un certain prosélytisme. **La marge d'appréciation de l'État est en conséquence plus large.**

63. (…) les autorités nationales se trouvent en principe, grâce à leurs contacts directs et constants avec les forces vives de leur pays, mieux placées que le juge international pour se prononcer sur la « nécessité » d'une « restriction » ou « sanction » destinée à répondre aux buts légitimes qu'elles poursuivent (…).

73. La chambre a (…) considéré que **la mesure litigieuse avait en fin de compte une portée limitée, la requérante restant libre « d'exprimer ses convictions par les nombreux autres moyens de communication à sa disposition »** ; la chambre a également souligné qu'il n'avait « jamais été question d'interdire l'association requérante en tant que telle ni son site Internet » (paragraphe 58 de l'arrêt de la chambre).

75. Aux yeux de la Cour, (…) **limiter la portée de la restriction incriminée au seul affichage sur le domaine public était ainsi une manière de réduire au minimum l'ingérence dans les droits de la requérante**. La Cour rappelle à cet égard que, lorsqu'elles décident de restreindre les droits fondamentaux des intéressés, les autorités doivent choisir les moyens les moins attentatoires aux droits en cause (…). Compte tenu du fait que la requérante est en mesure de continuer à diffuser ses idées par le biais de son site Internet ainsi que par d'autres moyens à sa disposition, comme la distribution de tracts dans la rue ou dans les boîtes aux lettres, l'on ne saurait dire que la mesure litigieuse était disproportionnée.

76. La Cour conclut que les autorités nationales n'ont pas outrepassé l'ample marge d'appréciation dont elles disposaient en l'espèce, et que **les motifs avancés** afin de motiver leurs décisions étaient « pertinents et suffisants » et **répondaient à un « besoin social impérieux »**. La Cour ne voit donc aucun motif sérieux de substituer son appréciation à celle du Tribunal fédéral, lequel a examiné la question litigieuse avec soin et dans le respect des principes posés par la jurisprudence de la Cour.

77. Partant, il n'y a pas eu violation de l'article 10 de la Convention.

Section 2
Le contrôle des atteintes aux droits fondamentaux

81. – Parce que le droit national est soumis au contrôle des juridictions européennes, on étudiera d'abord la méthode suivie par ces dernières (**§ 1**), avant de présenter la méthode suivie par le juge national (**§ 2**).

§ 1 La méthode suivie par les juridictions européennes

82. – En matière de protection des droits fondamentaux, la Cour EDH a vu son rôle s'affirmer historiquement un peu plus tôt que le juge de l'UE. La méthode de la Cour de Strasbourg sera donc présentée en premier.

A. La méthode de la Cour EDH

83. – Pour se prononcer sur une éventuelle violation de la Convention EDH, la Cour de Strasbourg suit un raisonnement en trois étapes.

1. Première étape : l'atteinte à un droit doit être prévue par la loi

84. – Cette condition figure par exemple dans les paragraphes 2 des articles 8, 9, 10 et 11, qui prévoient chacun que la restriction de liberté, « l'ingérence » dans le droit protégé, doit être prévue par la loi, donc avoir une origine légale. Cette première condition est en principe facilement remplie, car le mot « loi » ici est compris au sens de « droit en vigueur[1] », ce qui inclut la jurisprudence. Il faut concrètement que la victime ait pu anticiper

---

1. Ce droit doit émaner d'un organe lui-même légal, ce qui n'est pas le cas d'une Cour constitutionnelle dont la composition est jugée irrégulière par la Cour européenne : Cour EDH 14 déc. 2023 M.L. c/Pologne.

l'atteinte qu'elle a subie, ce qui suppose que le droit en vigueur dans son État était suffisamment accessible et précis pour qu'elle puisse savoir que sa liberté était susceptible d'être limitée.

L'affaire Vogt c/Allemagne[1], tranchée en 1995, permet d'illustrer cette première condition.

Mme Vogt est une enseignante qui s'est présentée à des élections sous l'étiquette du parti communiste allemand. Il se trouve que selon certaines juridictions locales, cela constitue un manquement au devoir de tout membre de la fonction publique de défendre le régime libéral et démocratique de l'Allemagne. L'enseignante est donc révoquée par sa hiérarchie, mais elle va invoquer sa liberté d'expression, et la première question que se pose la Cour EDH est de déterminer si l'ingérence subie par l'enseignante avait une base légale. La réponse est positive, car les tribunaux allemands avaient une jurisprudence, que Mme Vogt devait connaître, selon laquelle tout engagement actif d'un fonctionnaire allemand au sein d'un parti qui poursuit des objectifs anticonstitutionnels, peut être considéré comme incompatible avec l'obligation de loyauté pesant sur les fonctionnaires.

2. Deuxième étape : l'atteinte à un droit doit poursuivre un but légitime

85. – Là encore, les articles 8 à 11 de la Convention énumèrent, au sein de leur paragraphe 2, les motifs légitimes que l'État peut invoquer pour restreindre les droits garantis. Ces motifs sont suffisamment larges et variés pour qu'un État puisse en trouver un, et que la Cour le valide (elle est loin d'être pointilleuse sur ce point). Notamment, l'État pourra toujours prétendre qu'il a limité les droits du requérant afin de défendre les droits d'autrui. Si l'on reprend l'affaire Vogt, la Cour indique qu'en Allemagne, l'obligation de loyauté imposée aux fonctionnaires s'explique par l'expérience traumatisante du régime nazi, qui justifie que les autorités aient voulu instituer une démocratie apte à se défendre contre les partis extrêmes, dont le parti communiste. Ainsi en l'espèce, la révocation de l'enseignante poursuivait bien un but légitime.

---

1. Cour EDH, grande ch., 26 sept. 1995, AJDA 1996 p. 376, obs. J-F. Flauss.

> **Cour EDH, 26 septembre 1995,
> Vogt c/Allemagne**
>
> **51.** La Cour relève qu'un certain nombre d'États contractants soumettent les membres de la fonction publique à une obligation de réserve. En l'espèce, **l'obligation faite aux fonctionnaires allemands de professer et de défendre activement** et constamment **le régime** fondamental **libéral et démocratique** au sens de la Loi fondamentale (...) repose sur l'idée que la fonction publique est le garant de la Constitution et de la démocratie. Elle **revêt une importance particulière en Allemagne en raison de l'expérience que celle-ci a connue sous la République de Weimar** et qui, lorsque la République fédérale a été constituée après le cauchemar du nazisme, a conduit à la volonté d'instaurer une « démocratie apte à se défendre » (...). **Dans ce contexte, force est de conclure que la révocation de la requérante poursuivait une fin légitime au regard de l'article 10 paragraphe 2.**

3. Troisième étape : l'atteinte à un droit doit être proportionnée

86. – Cette phase, qui est toujours la plus longue dans les arrêts, consiste à déterminer si l'atteinte subie par le requérant était nécessaire et proportionnée au but légitime poursuivi par l'État. Concrètement, l'État sera condamné si la Cour estime qu'il aurait pu opter pour une mesure moins attentatoire aux droits du requérant, et pourtant aussi efficace pour satisfaire le but poursuivi par l'État. Depuis 2011 environ[1], la Cour vérifie surtout si les juridictions internes ont bien elles-mêmes procédé à ce contrôle de proportionnalité, la Cour ne condamnant l'État que si ce contrôle n'a pas eu lieu ou s'il s'avère manifestement déraisonnable[2].

---

1. Le repère évoqué correspond à l'arrêt Lautsi (Cour EDH 18 mars 2011, grande ch., Lautsi c/Italie, étudié *infra* n° 118) dans lequel la grande chambre de la Cour déjuge la précédente formation qui s'était prononcée en 2009 (Cour EDH 3 nov. 2009) et qui avait condamné l'Italie pour la présence de crucifix dans les écoles. Devant l'émoi suscité en Italie par sa première décision, on ne peut que constater que la Cour a modifié sa solution et a reconnu à l'Italie une marge d'appréciation. Il a été démontré que c'est précisément à compter de 2011-2012 que la grande chambre de la Cour a cherché à condamner le moins possible les États, afin de mieux faire accepter ses arrêts : D. Szymczak, *in* Mélanges P. Wachsmann, éd. Dalloz, 2021, p. 439s.
2. Dit autrement, la Convention est respectée dès lors que les autorités internes ont raisonné « avec soin et dans le respect des principes posés par la jurisprudence de la Cour » (Cour EDH, grande ch., 13 juill. 2012, Mouvement Raëlien suisse c/Suisse, § 76, reproduit *supra* n° 80).

On mentionnera quelques exemples classiques, antérieurs à 2011 :
- Cour EDH 28 janv. 2003, Peck c/Royaume-Uni. Une commune avait transmis aux médias une vidéo provenant d'une caméra de surveillance, dont l'enregistrement montrait une personne tentant de se suicider sur la voie publique. La vidéo fut diffusée sans que soit suffisamment masqué le visage de l'individu. Celui-ci va invoquer une atteinte à sa vie privée. Les autorités anglaises invoquent avoir agi au nom de la défense de l'ordre[1]. La Cour condamne cependant le comportement de la municipalité, qui aurait dû elle-même flouter le visage de l'individu avant de transmettre l'enregistrement aux médias. Autrement dit, la municipalité avait les moyens de mieux faire respecter la vie privée de la personne et c'est le fait de ne pas avoir mis en œuvre ces moyens qui explique la condamnation du Royaume-Uni.

Cour EDH 28 janv. 2003, Peck c/Royaume-Uni

85. (...) la Cour estime que, vu les circonstances de l'espèce, **il n'y avait pas de raisons pertinentes et suffisantes propres à justifier que le conseil divulguât directement au public, dans sa publication *CCTV News*, des photographies tirées de la séquence**, sans avoir au préalable obtenu le consentement du requérant ou caché son identité, ou qu'il divulguât les images aux médias **sans avoir pris des mesures pour s'assurer autant que possible qu'un tel masquage serait effectué par eux**. L'objectif que constitue la prévention de la criminalité et le contexte de la divulgation exigeaient en l'espèce une vigilance et un contrôle particuliers sur ces points.

87. En conséquence, la Cour estime que **la communication (...) des images** saisies par la TVCF **n'a pas été assortie de garde-fous suffisants** pour empêcher une divulgation incompatible avec les garanties relatives au respect de la vie privée du requérant qui découlent de l'article 8. **Dès lors, la divulgation a constitué une atteinte disproportionnée** et donc injustifiée à sa vie privée, **et une violation de l'article 8** de la Convention.

---

1. C'est plutôt douteux, mais comme on l'a vu, la deuxième étape du raisonnement de la Cour est souvent assez laxiste.

- Cour EDH, 29 juin 2006, Öllinger c/Autriche. En l'espèce un député écologiste souhaitait organiser au cimetière de Salzbourg une commémoration le jour de la Toussaint en faveur des Juifs tués par les SS. Cette réunion devait avoir lieu en même temps et au même endroit qu'un rassemblement rival organisé, pour sa part, en mémoire des soldats SS tués pendant la guerre. Face à cette situation, la police autrichienne interdit la manifestation du député, et cela afin de ne pas perturber le rassemblement « pro-SS ». La Cour EDH juge, sans grande surprise, que l'atteinte à la liberté de réunion du député est disproportionnée. Autrement dit, pour la Cour, un juste équilibre n'a pas été ménagé entre les intérêts en présence et l'Autriche a accordé trop peu d'importance à la manifestation du député. Ce pays est donc condamné.

Cour EDH, 29 juin 2006, Öllinger c/Autriche

34. La Cour note tout d'abord que la présente affaire concerne des droits fondamentaux concurrents. **Les droits du requérant à la liberté de réunion pacifique et à la liberté d'expression doivent être mis en balance avec le droit de l'association à la protection contre toute perturbation de son rassemblement** et avec le droit des visiteurs du cimetière à la protection de leur liberté de manifester leur religion.

40. En l'espèce, la direction de la police fédérale de Salzbourg et la direction de la sécurité publique de Salzbourg ont jugé nécessaire d'interdire la réunion prévue par le requérant, afin d'éviter toute perturbation de la commémoration organisée par Camaraderie IV, qui était considérée comme une cérémonie populaire, donc non soumise à autorisation en vertu de la loi relative aux réunions. Elles ont tenu compte particulièrement de ce qui s'était passé lors de précédentes campagnes de protestation lancées par d'autres organisateurs contre le rassemblement de Camaraderie IV, qui avaient suscité de véhémentes discussions, gêné les autres visiteurs et nécessité l'intervention de la police.

42. La Cour relève que les autorités nationales ont tenu compte des **différents droits concurrents** consacrés par la Convention. **Son rôle est d'examiner si elles ont ménagé un juste équilibre entre eux.**

43. La réunion prévue par l'intéressé se voulait clairement une contre-manifestation destinée à protester contre le rassemblement de Camaraderie IV, association dont il est établi qu'elle est composée pour l'essentiel d'anciens S.S. Le requérant souligne que le principal but de la réunion était de rappeler à l'opinion publique les crimes commis par les S.S. et de rendre hommage aux Juifs de Salzbourg assassinés par ces derniers. Le fait que la réunion coïncidait, quant à l'heure et au lieu, avec l'autre rassemblement constituait une partie essentielle du message que l'intéressé voulait faire passer.

44. De l'avis de la Cour, l'interdiction inconditionnelle d'une contre-manifestation est une mesure extrême qui appelle une justification particulière, d'autant que **le requérant** en l'espèce, qui est député, **souhaitait essentiellement protester** contre le rassemblement de Camaraderie IV **et ainsi exprimer une opinion sur une question d'intérêt public (...). La Cour est frappée par le fait que les autorités internes n'ont attaché aucune importance à cet aspect de l'affaire.**

45. Il n'est pas contesté que le but invoqué, à savoir la protection du rassemblement de Camaraderie IV, ne fournit pas une justification suffisante à l'interdiction dénoncée. La Cour constitutionnelle l'a clairement souligné et la Cour européenne partage pleinement ce point de vue.

48. (...) la Cour n'est pas convaincue par l'argument du Gouvernement selon lequel la solution qui consistait à autoriser la tenue des deux rassemblements et à prendre des mesures préventives, telles qu'une présence policière pour tenir les deux groupes à distance l'un de l'autre, n'était pas viable et ne permettait pas de préserver le droit du requérant à la liberté de réunion tout en offrant une protection suffisante aux droits des personnes venues se recueillir au cimetière.

49. À la place, **les autorités nationales** ont décrété l'interdiction inconditionnelle de la réunion souhaitée par le requérant. La Cour estime qu'elles **ont accordé trop peu d'importance à l'intérêt du requérant à tenir la réunion prévue** et à protester contre le rassemblement de Camaraderie IV, **tandis qu'elles ont donné trop de poids à l'intérêt des visiteurs du cimetière à être protégés contre des troubles relativement minimes.**

50. En conséquence, et en dépit de la marge d'appréciation dont dispose l'État en la matière, la Cour considère que **les autorités autrichiennes n'ont pas ménagé un juste équilibre entre les intérêts concurrents qui étaient en jeu.**

51. Partant, il y a eu violation de l'article 11 de la Convention.

- Cour EDH, 26 septembre 1995, Vogt c/Allemagne : la Cour européenne doit déterminer si la révocation de l'enseignante (qui s'était présentée à des élections sous l'étiquette du parti communiste) était vraiment nécessaire à l'objectif de défense de la démocratie dont pouvaient se prévaloir les autorités nationales. La Cour remarque qu'on ne pouvait reprocher à l'enseignante aucun endoctrinement des élèves. En outre, Mme Vogt n'avait tenu aucun propos anticonstitutionnel et son parti n'est nullement interdit en Allemagne. Au total, la Cour estime que les raisons avancées pour révoquer l'enseignante n'étaient pas suffisamment convaincantes, donc sa liberté d'expression a été violée[1]. On peut souligner que dans cette affaire, la solution s'explique par le fait que la révocation avait pour l'enseignante des répercussions financières. Une atteinte à la liberté d'expression n'entraînant aucune perte de revenus sera mieux acceptée[2].

Cour EDH, 26 septembre 1995, Vogt c/Allemagne

60. (...) la Cour (...) note d'emblée qu'il existe plusieurs raisons de considérer la révocation d'un enseignant du secondaire à titre de sanction disciplinaire pour défaut de loyauté comme une mesure très rigoureuse. D'abord à cause de l'effet que cette mesure a sur la réputation de la personne concernée et, ensuite, parce qu'un enseignant du secondaire révoqué de la sorte perd ses moyens de subsistance, en principe du moins, car la juridiction disciplinaire peut l'autoriser à conserver une partie de son salaire. Enfin, **il peut être quasiment impossible pour un enseignant du secondaire** en pareil cas **de trouver un autre emploi de professeur,** puisque les postes de ce genre en dehors de la fonction publique sont rares en Allemagne. En conséquence, l'intéressé se verra presque à coup sûr privé de la faculté d'exercer la seule profession pour laquelle il ait une vocation, pour laquelle il a été formé et dans laquelle il a acquis des aptitudes et de l'expérience.

Un second aspect à relever : Mme Vogt enseignait l'allemand et le français dans un établissement secondaire, poste qui, en soi, ne comportait aucun risque pour la sécurité.

Le risque résidait dans la possibilité que, contrairement aux devoirs et responsabilités particuliers incombant aux enseignants, elle tirât profit de sa position pour endoctriner ou exercer quelque autre influence indue sur ses élèves pendant les cours. Or **aucune critique ne lui a**

---

1. Ce constat de violation n'a été retenu qu'à une voix près.
2. *Cf.* Cour EDH, 1er juill. 2008, Lahr c/Allemagne. En l'espèce, il avait été mis fin de manière anticipée au service militaire d'un jeune homme, président d'une section locale d'un parti d'extrême droite. La neutralité politique de l'armée avait été invoquée. La réaction allemande n'est pas jugée disproportionnée, il est vrai qu'elle n'avait pas d'impact financier pour le jeune homme.

> été adressée sur ce point. Au contraire, **son travail au lycée avait été jugé pleinement satisfaisant par ses supérieurs** et elle était hautement appréciée aussi bien par ses élèves et leurs parents que par ses collègues (…); les juridictions disciplinaires avaient reconnu qu'elle avait toujours rempli ses fonctions d'une manière irréprochable (…). D'ailleurs, **les autorités ne l'ont suspendue de ses fonctions que plus de quatre ans après le début de la procédure disciplinaire (…), démontrant ainsi qu'elles ne jugeaient pas très impérieuse la nécessité de soustraire les élèves à l'influence de l'intéressée.**
>
> Un enseignant étant symbole d'autorité pour ses élèves, les devoirs et responsabilités particuliers qui lui incombent valent aussi dans une certaine mesure pour ses activités en dehors de l'école. Or **aucun élément ne permet de dire que Mme Vogt elle-même**, fût-ce en dehors de son travail au lycée, **ait effectivement tenu des propos anticonstitutionnels** ou ait personnellement adopté une attitude anticonstitutionnelle. Les seules critiques qu'elle se soit attirées concernaient son engagement actif au sein du DKP, les fonctions qu'elle y avait exercées et sa candidature aux élections du Parlement du Land. Mme Vogt a toujours affirmé sa conviction personnelle que lesdites activités se conciliaient avec la défense des principes du régime constitutionnel allemand. (…)
>
> Une dernière considération est à prendre en compte : la Cour constitutionnelle fédérale n'avait pas interdit le DKP et en conséquence **les activités de l'intéressée au sein de celui-ci étaient totalement légales.**
>
> **61.** Eu égard à ce qui précède, **la Cour conclut que**, si **les raisons avancées par le Gouvernement** pour justifier son ingérence dans le droit de Mme Vogt à la liberté d'expression sont à coup sûr pertinentes, elles **ne suffisent pas à établir de manière convaincante qu'il était nécessaire dans une société démocratique de révoquer l'intéressée.** Même en laissant une certaine marge d'appréciation, force est de conclure que la révocation de Mme Vogt de son poste d'enseignant de lycée, à titre de sanction disciplinaire, était disproportionnée à l'objectif légitime poursuivi. Partant, il y a eu violation de l'article 10. »

87. – Pour conclure sur la méthode suivie par la Cour EDH, on signalera que lorsqu'un individu subit une atteinte heurtant la substance même de l'un de ses droits (il a été radicalement privé de la possibilité de les exercer), la Cour s'en tient généralement à dire que l'atteinte subie était disproportionnée, la formule étant moins énigmatique[1]. On peut prendre l'exemple de l'arrêt Khamidov c/Russie[2] : en l'espèce, du fait de la guerre en Tchétchénie, les tribunaux ne fonctionnent pas normalement et le requérant ne peut pas saisir la justice. C'est une atteinte à la substance même du droit d'accès à un tribunal (article 6), mais la Cour préfère conclure que l'atteinte subie était « manifestement disproportionnée » ; elle indique que les autorités russes auraient dû permettre au requérant d'agir dans une autre région du pays.

Cour EDH, 15 nov. 2007, Khamidov c/Russie

154. La Cour observe que les juridictions de la République de Tchétchénie ont interrompu leurs activités **d'octobre 1999 à janvier 2001** et que ce point ne prête pas à controverse entre les parties. Il s'ensuit que, au cours de cette période, **le requérant s'est vu privé de toute possibilité de demander en justice l'expulsion des forces de police de son domaine, situation qui s'analyse manifestement en une restriction à son droit d'accès à un tribunal.**

155. La Cour rappelle que, lorsque l'accès d'un individu à un tribunal est limité par le jeu de la loi ou dans les faits, **la restriction n'est pas incompatible avec l'article 6 si elle n'atteint pas le droit dans sa substance même, si elle poursuivait un but légitime et s'il existait un rapport raisonnable de proportionnalité entre les moyens employés et le but visé** (…).

156. En l'espèce, la Cour admet que **les autorités russes** ont pu éprouver des difficultés à assurer le bon fonctionnement du système judiciaire en Tchétchénie d'octobre 1999 à janvier 2001, compte tenu des opérations militaires qui s'y déroulaient. Cela étant, elle estime qu'elles **auraient dû prendre à tout le moins certaines mesures en vue de régler le problème, par exemple en autorisant expressément les justiciables ayant des griefs identiques à ceux du requérant à saisir les juridictions des autres régions de la Fédération de Russie.** Elle observe que le Gouvernement n'a pas indiqué avoir entrepris des démarches à cet effet et qu'il n'a pas fourni d'explication à cet état de choses. Relevant d'une part que **l'intéressé a été privé pendant plus d'un an de toute possibilité d'obtenir la protection juridictionnelle de ses**

---

1. Réciproquement, lorsque l'atteinte n'est nullement substantielle, la Cour se contente de dire qu'elle était proportionnée. *Cf.* par exemple *supra* n° 80 : Cour EDH, grande ch., 13 juill. 2012, Mouvement Raëlien suisse c/Suisse, § 75.
2. Cour EDH, 15 nov. 2007.

> droits, notamment par l'exercice d'une action tendant à contraindre la police à évacuer sa propriété – qui était son seul foyer – et, d'autre part, que le Gouvernement ne s'en est aucunement expliqué, la Cour estime que **la restriction apportée au droit d'accès du requérant à un tribunal a porté atteinte à la substance même de ce droit et qu'**elle était manifestement disproportionnée.
>
> **157.** Partant, il y a eu violation de l'article 6 § 1 de la Convention à cet égard.

B. La méthode de la CJUE

88. – Selon l'article 52 de la Charte des droits fondamentaux de l'Union Européenne :

« Toute limitation de l'exercice des droits et libertés doit être prévue par la loi et respecter le contenu essentiel des droits et libertés. Dans le respect du principe de proportionnalité, des limitations ne peuvent être apportées que si elles sont nécessaires et répondent effectivement à des objectifs d'intérêt général ou à la protection des droits et libertés d'autrui ».

Si l'on remet ceci dans un ordre de présentation plus habituel, on retrouve les mêmes étapes que devant la Cour EDH : exigence d'une loi[1], justification par un motif légitime, respect du principe de proportionnalité, et en tout état de cause respect du contenu essentiel de chaque droit et liberté.

Il faut cependant préciser que la CJUE ne tranchera des litiges relatifs à des droits fondamentaux que si ces litiges relèvent effectivement de sa compétence[2]. Dans le cas où la CJUE est effectivement compétente, elle vérifie alors si les motifs avancés par l'État pour limiter une liberté étaient ou non légitimes. Au titre du contrôle de proportionnalité, la Cour examine

---

1. Il faut comprendre ici un texte national ou européen (*cf.* F. Martucci, Droit de l'Union européenne, Dalloz, 3ᵉ éd. 2021, n° 1188).
2. Cela suppose qu'on lui soumette un acte des institutions européennes ou bien une action (ou abstention fautive) d'un État membre dans un domaine relevant du droit de l'UE ; cette condition peut très bien ne pas être remplie. En 1991, la CJCE ne s'est pas prononcée s'agissant d'une réglementation irlandaise interdisant la fourniture d'informations relatives à l'avortement, car le droit de l'UE n'a pas de compétence en matière d'avortement (CJCE 4 oct. 1991, Society for the protection of unborn children Ireland Ltd et Grogan).

si l'État n'aurait pas pu choisir une mesure moins restrictive des libertés, et pourtant aussi efficace[1]. Si une telle mesure était possible, l'État sera condamné puisqu'il ne s'en est pas tenu au strict nécessaire. On présentera deux applications.

- CJCE 25 juillet 1991, Stoeckel[2] : les gouvernements français et italien défendaient leur législation interdisant le travail de nuit aux femmes, en invoquant notamment que cette interdiction permettait d'éviter les risques d'agressions dont les femmes pouvaient être victimes en se déplaçant la nuit. La Cour indique qu'il existe des mesures appropriées pour faire face à ce danger[3], et qu'il est excessif d'en arriver à une interdiction pure et simple du travail de nuit pour les femmes. Les lois française et italienne ne respectent donc pas l'égalité de traitement entre les hommes et les femmes.
- CJCE, 13 juillet 2004, Commission c/France[4] : en l'espèce, se trouve critiquée la loi Evin du 10 janvier 1991 interdisant que soient visibles lors de la diffusion télévisée d'évènements sportifs, des panneaux publicitaires relatifs à des boissons alcoolisées. La CJCE admet qu'il s'agit de protéger la santé, et pour la Cour, il n'y a pas d'alternative qui soit aussi efficace que l'interdiction et qui restreindrait moins la liberté des annonceurs (la simple diffusion d'avertissements sanitaires serait moins performante). La France n'est donc pas condamnée.

§ 2 La méthode suivie par les juridictions nationales

89. – Pour le juge interne, une atteinte aux libertés n'est admissible que si elle remplit certaines conditions (**B-**). Parmi celles-ci, on relèvera que le consentement de la victime ne figure pas (**A-**).

---

1. Il faut en outre que les inconvénients causés par cette mesure ne soient pas démesurés par rapport aux buts visés : CJUE 17 déc. 2020, aff. C-336/19, point 64 (Rev. Europe 2/2021, p. 17, obs. A. Rigaux).
2. Dr. social 1992, p. 174, obs. M.-A. Moreau.
3. Sur ce point, l'argumentation de la CJUE s'en tient à cette affirmation et on voit mal ce qui pourrait être fait concrètement, de manière efficace et à un coût raisonnable.
4. D. 2004 p. 3060, obs. J.-Cl. Zarka.

A. L'indifférence du consentement de la victime

90. – Souligner cette indifférence peut surprendre[1]. Elle découle pourtant de la jurisprudence des juges européens (**1-**). Le juge judiciaire en a pris acte progressivement (**2-**), tandis que le juge administratif semble avoir toujours eu une position plus ferme (**3-**). Ces solutions ne doivent pas conduire à nier l'importance de l'information donnée à la victime (**4-**).

1. Une indifférence retenue par les juridictions européennes

91. – Quelques affaires paraissent ici emblématiques, elles montrent que l'accord de la victime est un élément qui *ne permet pas* de valider une atteinte aux droits fondamentaux.

- Cour EDH 18 juin 1971, De Wilde, Ooms et Versyp c/Belgique[2] : trois vagabonds s'étaient présentés de leur plein gré à la police belge et avaient demandé à être logés et nourris. On les interne alors dans un dépôt de mendicité. Peuvent-ils critiquer leurs conditions de détention, c'est-à-dire invoquer l'article 5 de la Convention EDH ? La réponse est positive. Le fait qu'ils se soient constitués prisonniers ne dispense pas d'examiner si leurs conditions de détention respectent la Convention EDH. Ainsi, le consentement des victimes n'empêche pas une éventuelle violation des droits de l'homme.

---

1. Sur «les leurres du tout-consentement», *cf.* M. Fabre-Magnan, L'institution de la liberté, Puf, 2018, p. 53s.
2. Les grands arrêts de la Cour européenne des droits de l'homme, PUF, 10ᵉ éd. 2022, n° 20, obs. J. Andriantsimbazovina.

Cour EDH 18 juin 1971, De Wilde, Ooms et Versyp c/Belgique

Sur l'observation générale et préliminaire du gouvernement

64. Dans ses mémoires et plaidoiries, **le gouvernement** a rappelé que la Cour a pour tâche de statuer sur trois cas concrets d'application de la législation litigieuse, et non sur un problème abstrait touchant à la compatibilité de cette législation avec la Convention (...). Partant de là, il **a souligné que les requérants s'étaient présentés de leur plein gré à la police** et que leur admission à Wortel et Merxplas avait « résulté d'une demande explicite ou implicite de leur part, explicite pour Versyp et pour Ooms, implicite pour De Wilde ». Selon lui, pareille « constitution volontaire » ne peut guère passer pour une « privation de liberté », au sens de l'article 5. **Il en a conclu que la Cour devait écarter d'emblée l'hypothèse d'un manquement aux exigences de la Convention, tant « pour l'internement lui-même » que « pour les conditions de celui-ci »**.

65. Cette argumentation ne convainc pas la Cour.

Le fait de se présenter à la police en vue d'un internement peut être inspiré par la détresse ou une misère passagère. (...) surtout, **le droit à la liberté revêt une trop grande importance dans une « société démocratique », au sens de la Convention, pour qu'une personne perde le bénéfice de la protection de celle-ci du seul fait qu'elle se constitue prisonnière. Une détention pourrait enfreindre l'article 5 quand bien même l'individu dont il s'agit l'aurait acceptée.** Dans une matière qui relève de l'ordre public au sein du Conseil de l'Europe, un contrôle scrupuleux, de la part des organes de la Convention, de toute mesure pouvant porter atteinte aux droits et libertés garantis, est commandé dans tous les cas. (...) **La « constitution volontaire » des requérants ne dispense pas (...) la Cour de rechercher s'il y a eu ou non violation de la Convention.**

- La jurisprudence de la Cour EDH en matière de sadomasochisme[1] montre que si de telles pratiques entraînent des dommages corporels, une répression pénale est nécessaire, malgré la liberté de la vie sexuelle des participants et le fait que les victimes masochistes aient été consentantes[2].

---

1. Sous réserve de laisser de côté l'arrêt atypique Cour EDH 17 févr. 2005, K.A. et A.D. c/Belgique. *Cf.* M. Fabre-Magnan, Le sadisme n'est pas un droit de l'homme, D. 2005, chron. p. 2973.
2. Cour EDH 19 févr. 1997, Laskey et autres c/Royaume-Uni, RTDH 1997 p. 738, obs. M. Levinet.

Cour EDH 19 févr. 1997, Laskey et autres c/Royaume-Uni

40. Pour le Gouvernement, l'État est en droit de punir des actes de violence tels que ceux pour lesquels les requérants ont été condamnés, qui ne peuvent être qualifiés de légers ou passagers, et que la victime ait ou non été consentante. De fait, en l'occurrence, certains de ces actes peuvent fort bien se comparer à des « tortures génitales » et **l'on ne saurait dire qu'un État contractant se trouve dans l'obligation de tolérer des actes de torture sous prétexte qu'ils sont commis dans le cadre d'une relation sexuelle consentie.** L'État est de plus habilité à interdire certaines pratiques du fait du danger potentiel qu'elles représentent.

45. (...) Il ressort à l'évidence des faits établis par les juridictions internes que les pratiques sadomasochistes des requérants ont entraîné des lésions ou blessures d'une gravité certaine et non pas seulement légères ou passagères. Cela suffit à distinguer la cause d'affaires antérieurement examinées par la Cour, qui avaient trait à des actes homosexuels auxquels des adultes consentants s'étaient livrés en privé, et ne présentaient pas une telle caractéristique (Cour EDH 22 octobre 1981, Dudgeon c/Royaume-Uni).

50. En bref, la Cour considère que **les autorités nationales étaient en droit de juger que les poursuites engagées contre les requérants et leur condamnation étaient des mesures nécessaires dans une société démocratique à la protection de la santé** au sens de l'article 8 paragraphe 2 de la Convention.

- Cour EDH 17 octobre 2019, Lopez Ribalda c/Espagne : des salariés d'un supermarché dérobant manifestement des marchandises, le directeur avait fait installer clandestinement des caméras de surveillance au niveau des caisses. La preuve est ainsi rapportée que quatorze salariés ont commis des vols et ils sont licenciés. Pour la Cour, vu les soupçons de vol, l'installation des caméras était possible, sans qu'il soit nécessaire d'en avertir les salariés. Ces derniers n'ont pas subi une atteinte disproportionnée à leur vie privée ; l'article 8 de la Convention n'a pas été violé[1].

---

1. D. 2021 p. 207, obs. A. Aynès (l'auteur juge la solution bonne et pragmatique).

**Cour EDH 17 oct. 2019,
Lopez Ribalda c/Espagne**

122. La Cour relève d'emblée que les juridictions du travail ont cerné les différents intérêts en jeu, en se référant explicitement au droit des requérantes au respect de leur vie privée et à l'équilibre à rechercher entre ce droit et l'intérêt de l'employeur d'assurer la bonne marche de l'entreprise par l'exercice de son pouvoir de direction. Elle **vérifiera** donc **la manière dont ces juridictions** ont pris en compte les critères qu'elle a énoncés ci-dessus lorsqu'elles **ont procédé à la mise en balance de ces intérêts.**

123. Les juridictions internes ont tout d'abord constaté, conformément aux exigences posées par la jurisprudence du Tribunal constitutionnel, que **la mise en place de la vidéosurveillance se justifiait par des raisons légitimes**, à savoir les soupçons, nourris par le directeur du magasin en raison des pertes importantes constatées sur plusieurs mois, que des vols avaient été commis. Elles ont également tenu compte de **l'intérêt légitime pour l'employeur d'adopter des mesures afin de découvrir les responsables des pertes constatées et de les sanctionner**, dans le but d'assurer la protection de ses biens et le bon fonctionnement de l'entreprise.

128. Les juridictions internes ont par ailleurs considéré que, dans les circonstances de l'espèce, il n'existait pas d'autre moyen permettant d'atteindre le but légitime poursuivi et que la mesure devait dès lors être jugée « nécessaire », au sens de la jurisprudence du Tribunal constitutionnel (...). Même s'il aurait été souhaitable que les juridictions internes examinent de manière plus approfondie la possibilité pour l'employeur de recourir à d'autres mesures, moins intrusives pour la vie privée des salariés, la Cour ne peut que relever que l'ampleur des pertes constatées par l'employeur pouvaient donner à penser que des vols avaient été commis par plusieurs personnes et qu'**informer l'un quelconque des membres du personnel risquait effectivement de compromettre le but de la vidéosurveillance qui était**, comme l'ont relevé ces juridictions, **de découvrir d'éventuels responsables de vols mais aussi de s'assurer des preuves permettant de prendre des mesures disciplinaires à leur égard.**

134. (...) dans les circonstances particulières de l'espèce, eu égard notamment au degré d'intrusion dans la vie privée des requérantes (...) et aux raisons légitimes ayant motivé la mise en place de la vidéosurveillance, **la Cour estime que les juridictions du travail ont pu, sans dépasser la marge d'appréciation dont disposent les autorités nationales, considérer que l'atteinte à la vie privée des requérantes était proportionnée** (...). En effet, **si elle ne saurait accepter que, de manière générale, le moindre soupçon** que des détournements ou d'autres irrégularités aient

> été commis par des employés **puisse justifier la mise en place d'une vidéosurveillance secrète par l'employeur, l'existence de soupçons raisonnables** que des irrégularités graves avaient été commises **et l'ampleur des manques constatés en l'espèce peuvent apparaître comme des justifications sérieuses.** Cela est d'autant plus vrai dans une situation où le bon fonctionnement d'une entreprise est mis à mal par des soupçons d'irrégularités commises non par un seul employé mais par l'action concertée de plusieurs employés, dans la mesure où cette situation a pu créer un climat général de méfiance dans l'entreprise.
>
> **137.** Dans ces conditions, **eu égard aux garanties importantes offertes par le cadre normatif espagnol, y compris les voies de recours que les requérantes n'ont pas empruntées, ainsi qu'au poids des considérations,** prises en compte par les juridictions internes, **ayant justifié la vidéosurveillance, la Cour conclut que les autorités nationales n'ont pas manqué à leurs obligations positives au titre de l'article 8 de la Convention** de manière à outrepasser leur marge d'appréciation. Partant, il n'y a pas eu violation de cette disposition.

- CJUE 11 décembre 2019, affaire TK: le droit de l'UE (et notamment le règlement général sur la protection des données) ne s'oppose pas à l'installation de caméras de vidéo-surveillance dans les parties communes d'un immeuble, *et cela sans le consentement des résidents*, car la mesure répond à un intérêt légitime: protéger les personnes et les biens[1]. C'est la preuve que la question du consentement n'est pas le bon critère pour juger de la légalité de l'atteinte à la vie privée (ce sont d'autres éléments qui entrent en ligne de compte, notamment ici le motif légitime ayant motivé l'installation des caméras).

2. L'évolution de l'attitude du juge judiciaire

92. – À une certaine époque, le juge judiciaire accordait une importance décisive à l'accord de la victime, retenant que celle-ci pouvait avoir accepté l'atteinte qu'elle se plaignait d'avoir subie. Une décision est restée emblématique: Cass., Assemblée plénière, 19 mai 1978, «Dame Roy»[2]. Cette institutrice d'un établissement privé d'enseignement catholique est licenciée pour s'être remariée après son divorce. Ce licenciement est-il compatible

---

1. Comm. com. électr. 2020, n° 44, obs. A. Debet.
2. D. 1978 p. 541, concl. R. Schmelck et n. Ph. Ardant; Grands arrêts de la jurisprudence civile, t. 1, Dalloz, 14ᵉ éd. 2024, p. 326.

avec la liberté du mariage dont peut se prévaloir Madame Roy ? L'assemblée plénière répond par l'affirmative, et elle se justifie en soulignant que l'institutrice avait, lors de son embauche, accepté de respecter les valeurs catholiques de l'établissement, ce qui autorisait bien ce dernier à rompre le contrat en cas de non-respect de ces valeurs[1].

Cass., Assemblée plénière, 19 mai 1978, Dame Roy

(...) Attendu (...) qu'il ne peut être porté atteinte sans abus à la liberté du mariage par un employeur que dans des cas très exceptionnels où les nécessités des fonctions l'exigent impérieusement ; que, dans des motifs non critiqués par le moyen et qui, quel qu'en soit le mérite, suffisent à justifier leur décision, les juges du fond ont retenu que lors de la conclusion du contrat par lequel l'association Sainte-Marthe s'était liée à dame R., **les convictions religieuses de cette dernière avaient été prises en considération** et que **cet élément de l'accord des volontés**, qui reste habituellement en dehors des rapports de travail, **avait été incorporé volontairement dans le contrat dont il était devenu partie essentielle et déterminante** ; qu'ils ont ainsi relevé l'existence de circonstances très exceptionnelles opposables à dame R., à laquelle il incombait, selon la législation alors en vigueur, d'établir la faute commise par son employeur dans l'exercice de son droit de rompre un contrat à durée indéterminée ; que les juges du fond, ayant rappelé que **le cours Sainte-Marthe**, attaché au principe de l'indissolubilité du mariage, **avait agi en vue de sauvegarder la bonne marche de son entreprise, en lui conservant son caractère propre et sa réputation**, ont pu décider que cette institution n'avait commis aucune faute (...).

93. – Compte tenu de l'autorité attachée à cet arrêt rendu en assemblée plénière, on peut dire que le juge judiciaire a appliqué cette doctrine. Ainsi la Cour de cassation décide en 1987 que si une personne se soumet sans opposition à une enquête psychologique ordonnée par un juge aux affaires

---

1. Sur ces questions, le droit de l'UE appelle désormais à de la nuance. Il faut distinguer si le salarié dispense ou non une activité religieuse au sein de l'établissement. Si c'est le cas, le respect des idées catholiques peut lui être imposé, et faire l'objet de sanction en cas de violation. *Cf.* CJUE 11 sept. 2018, I.R. c/J.Q., RTDCiv 2018, p. 870, note A.-M. Leroyer.

familiales, cette personne accepte alors de subir des atteintes à sa vie privée dont elle n'est plus en droit de se plaindre[1]. De même, en 2000, la Cour d'appel de Rennes ne voit aucune atteinte à la personne s'agissant de la mise sous hypnose d'un témoin, dès lors que celui-ci avait donné son accord au juge d'instruction. Tout ceci explique qu'à la même époque, lorsque la télé-réalité d'enfermement arrive en France[2], les contrats proposés aux participants prenaient bien soin de préciser que les candidats acceptaient de manière éclairée de renoncer à faire valoir, pendant la durée du jeu, leur droit à la vie privée et leur liberté d'aller et de venir. Le consentement des participants était à l'évidence considéré comme exerçant un effet légitimant.

94. – Pourtant, au moins depuis 1991, l'assemblée plénière de la Cour de cassation[3] a clairement indiqué que le consentement ne permet pas de valider un contrat en lui-même condamnable. La solution a été rendue s'agissant du contrat de mère porteuse, par lequel « une femme s'engage, fût-ce à titre gratuit, à concevoir et à porter un enfant pour l'abandonner à sa naissance ». Alors même que les participants à une telle convention ont par hypothèse tous donné leur accord, le contrat de gestation pour autrui (conclu en France) heurte les valeurs de la société tout entière et doit donc être condamné[4].

Cass. Ass. plénière, 31 mai 1991, n° 90-20.105

Vu les articles 6 et 1128 [ancien] du Code civil, ensemble l'article 353 du même Code ;

Attendu que, **la convention par laquelle une femme s'engage, fût-ce à titre gratuit, à concevoir et à porter un enfant pour l'abandonner à sa naissance contrevient tant au principe d'ordre public de l'indisponibilité du corps humain qu'à celui de l'indisponibilité de l'état des personnes** ;

---

1. Cass. civ. 1re, 5 mai 1987, D. 1988 p. 77.
2. Il s'agissait de Loft Story, que le professeur de philosophie J.-J. Delfour avait qualifié de prison consentie où se déroulait une activité sadique, et de « machine totalitaire » (*Le Monde*, 18 mai 2001).
3. Cass., Ass. plénière, 31 mai 1991, n° 90-20.105, Les grand arrêts du droit des libertés fondamentales, éd. Dalloz, 2017, n° 66, obs. P. Deumier ; J.-R. Binet, Droit des personnes et de la famille, LGDJ, 6e éd. 2024, p. 281 à 286.
4. Cette solution a été gravée à l'article 16-7 du Code civil par la loi du 29 juillet 1994 relative au respect du corps humain.

> Attendu selon l'arrêt infirmatif attaqué que Mme X..., épouse de M. Y..., étant atteinte d'une stérilité irréversible, son mari a donné son sperme à une autre femme qui, inséminée artificiellement, a porté et mis au monde l'enfant ainsi conçu ; qu'à sa naissance, cet enfant a été déclaré comme étant né de Y..., sans indication de filiation maternelle ;
>
> Attendu que, pour prononcer l'adoption plénière de l'enfant par Mme Y..., l'arrêt retient qu'en l'état actuel des pratiques scientifiques et des mœurs, la méthode de la maternité substituée doit être considérée comme licite et non contraire à l'ordre public, et que cette adoption est conforme à l'intérêt de l'enfant, qui a été accueilli et élevé au foyer de M. et Mme Y... pratiquement depuis sa naissance ;
>
> Qu'en statuant ainsi, alors que **cette adoption n'était que l'ultime phase d'un processus d'ensemble destiné à permettre à un couple l'accueil à son foyer d'un enfant, conçu en exécution d'un contrat tendant à l'abandon à sa naissance par sa mère**, et que, portant atteinte aux principes de l'indisponibilité du corps humain et de l'état des personnes, **ce processus constituait un détournement de l'institution de l'adoption**, la cour d'appel a violé les textes susvisés ;
>
> Par ces motifs : casse et annule, mais seulement dans l'intérêt de la loi et sans renvoi, l'arrêt rendu le 15 juin 1990 par la cour d'appel de Paris.

3. La fermeté du juge administratif

95. – La jurisprudence administrative suggère que, lorsque les droits fondamentaux sont en jeu, le consentement de la victime ne permet pas de contourner l'illégalité. Sont ici emblématiques deux arrêts du Conseil d'État du 27 octobre 1995 («commune de Morsang-sur-Orge» et «ville d'Aix-en-Provence[1]»). Ces affaires concernaient des spectacles de «lancer de nain» dans des discothèques, spectacles qui avaient été interdits par des arrêtés municipaux. Le Conseil d'État valide le choix des maires : la dignité de la personne fait partie de l'ordre public au nom duquel ces derniers ont la possibilité d'agir. Peu importe l'argument de l'artiste nain participant, qui faisait valoir que cette activité lui permettait de gagner sa vie, peu importent les intérêts financiers des discothèques qui peut-être constataient un afflux de clientèle, peu importe aussi l'adhésion éventuelle des clients éméchés qui trouvaient le spectacle drôle. L'ensemble de ces consentements ne fait pas

---

1. Les grands arrêts du droit des libertés fondamentales, Dalloz éd. 2017, n° 56, obs. X. Dupré de Boulois.

disparaître le fait que l'on traite comme un vulgaire projectile la personne participante, affectée d'un handicap et présentée comme telle[1], ce qui est dégradant donc contraire à l'article 3 de la Convention EDH.

4. Le rôle de l'information donnée à la victime

96. – Si prendre appui sur le consentement de la personne n'est pas le bon argument pour se prononcer sur la validité d'une atteinte à ses libertés, en revanche il est pertinent d'examiner si une information a bien été délivrée à la personne qui va subir une ingérence dans ses droits. Si cette information n'a pas été délivrée et que la victime pouvait légitimement croire qu'elle profiterait de ses droits, l'ingérence peut être condamnée. Ainsi le Royaume-Uni viole l'article 8 de la Convention européenne lorsque l'une de ses enseignantes n'est pas avertie que ses mails et appels téléphoniques sortant du collège sont enregistrés[2].

Dans certaines hypothèses, chacun est censé savoir que ses droits vont être limités, vu l'activité effectuée, sans qu'il soit donc nécessaire de recevoir une information individualisée. Ainsi, un internaute, président d'une association de parents catholiques, doit avoir conscience qu'il s'expose nécessairement à recevoir des e-mails indésirables, le cas échéant pornographiques, sans pouvoir le reprocher à l'État[3].

B. Les conditions de validité des entraves aux libertés

97. – On ne saurait prétendre que toutes les décisions rendues par les juges internes respectent à la lettre la méthode présentée. Néanmoins, il est possible d'identifier trois étapes permettant de se prononcer sur la validité d'une atteinte aux droits fondamentaux[4]. Repose-t-elle sur une justification (**1-**)? Est-elle proportionnée (**2-**)? Respecte-t-elle la substance du droit fondamental attaqué (**3-**)?

---

1. Selon les mots de O. Cayla, cités par J.-R. Binet, op. cit., n° 371.
2. Cour EDH 3 avr. 2007, Copland c/Royaume-Uni, JDI 2008, p. 808, obs. D. Sinou.
3. Cour EDH 13 novembre 2007, Muscio c/Italie.
4. Souvent la doctrine retient elle aussi un triple contrôle, mais calqué sur le raisonnement de la Cour EDH, donc légèrement différent: légalité, légitimité et proportionnalité (voir par exemple A. Etienney-de Sainte marie, *in* Les grandes décisions de la jurisprudence civile, Puf, 2024, n° 27).

1. L'exigence d'une justification

98. – Cette première condition peut se dédoubler. D'abord, il convient de vérifier que la justification invoquée pour restreindre une liberté peut être jugée légitime. Puis, dans un second temps, on doit s'assurer que le motif avancé corresponde bien à la réalité.

a. Une justification légitime

99. – C'est le plus souvent le juge qui détermine si le motif invoqué peut valablement excuser l'atteinte à une liberté. Ainsi l'argument de la sécurité va permettre d'exiger du personnel soignant qu'il ne porte pas une croix en métal autour du cou, car elle pourrait entrer en contact avec les plaies des malades[1].

En matière immobilière, la préservation de l'esthétique du bâtiment peut justifier une atteinte au droit d'installer une antenne parabolique. On peut mentionner une affaire tranchée en 1999 par la Cour d'appel de Paris[2] où des locataires souhaitaient installer une antenne sur leur balcon et invoquaient l'article 10 de la Convention EDH qui, selon la jurisprudence de la Cour EDH, garantit le droit de recevoir des programmes télévisés au moyen d'une antenne[3]. Les juges retiennent cependant que la volonté du bailleur de préserver l'harmonie de l'immeuble constitue un motif légitime de refus[4]. L'argument fondé sur l'esthétique de l'immeuble suppose néanmoins que ce dernier possède *réellement* un certain standing qu'il convient de préserver[5].

b. Une justification réelle

100. – Il serait trop facile d'invoquer un motif passe-partout, abstraitement convenable, alors qu'en réalité ce motif ne correspond pas à la réalité. Le juge sanctionnera ce motif invoqué de manière factice. Un exemple

---

1. Rappr. : Cour EDH 15 janv. 2013, Eweida et Chaplin c/Royaume-Uni, Rev. des contrats 2013 p. 1503, note F. Marchadier et J.-P. Marguénaud.
2. CA Paris, 16 déc. 1999, RDI 2000 p. 248, obs. P. Capoulade.
3. Cour EDH 22 mai 1990, Autronic AG c/Suisse.
4. C'est l'application de la loi du 2 juillet 1966, qui interdit à un propriétaire de s'opposer à la pose d'une antenne, sauf motif légitime.
5. Application de Cour EDH 16 déc. 2008, Khurshid Mustafa c/Suède, AJDI 2009 p. 438, à propos d'un immeuble de banlieue tout à fait quelconque, dans lequel un locataire d'origine irakienne devait donc pouvoir installer une antenne, qui seule lui permettait de rester en contact avec sa culture d'origine.

des années 1960 est devenu célèbre : l'affaire Air France[1]. La compagnie aérienne imposait à ses hôtesses de l'air d'être célibataires. C'est une atteinte contractuelle à la liberté de se marier. Pour se justifier, Air France invoque que la vie professionnelle d'une hôtesse de l'air se concilie mal avec une vie familiale normale. La compagnie fait donc semblant de se soucier de la vie de famille de ses salariées. En réalité, c'est un prétexte : la compagnie veut surtout que sa clientèle masculine puisse compter sur des hôtesses célibataires, sans attache, donc « disponibles ». Cela est nettement moins louable[2], la clause de célibat est donc annulée.

2. La proportionnalité de l'atteinte

101. – Même si les tribunaux distinguent rarement, on peut dire que sur ce point le raisonnement peut se dédoubler : d'une part il faut s'assurer qu'entre deux mesures possibles, c'est bien la moins contraignante pour l'individu qui a été retenue. D'autre part, les effets sur la victime de la mesure retenue doivent paraître équilibrés par rapport aux avantages qui en découlent pour autrui.

a. Le caractère indispensable de l'atteinte

102. – Cette exigence vaut même à l'égard de libertés non essentielles comme la liberté vestimentaire ou la liberté de l'apparence physique. Au début des années 1990, le personnel masculin d'Eurodisney se voyait interdire la barbe, les boucles d'oreilles, etc. Cela pouvait se concevoir pour le personnel participant aux animations, en contact avec le public[3], mais il était disproportionné d'imposer ce code esthétique au personnel travaillant en coulisses, sans contact avec la clientèle.

En 2012, la Cour de cassation a jugé qu'un restaurant ne peut pas interdire à un serveur de porter une boucle d'oreille[4] (la mesure ne paraît pas indispensable et en outre elle serait discriminatoire, puisque les serveuses sont naturellement autorisées, elles, à porter des boucles d'oreilles). En 2020, le Conseil d'État juge que le port d'une barbe longue par un agent public

---

1. CA Paris 30 avril 1963, RTDCiv. 1963 p. 570, obs. G. Cornu.
2. En outre à l'époque c'était un bon moyen d'éviter que les salariées ne tombent enceintes, ce qui facilitait la gestion du personnel.
3. Celui qui, à visage découvert, tient le rôle de Peter Pan dans le parc ne doit certainement pas porter des piercings…
4. Cass. Soc., 11 janv. 2012, JCP 2012, n° 281, obs. M. Mercat-Bruns.

musulman n'est pas contraire à l'exigence de laïcité du service public hospitalier[1] (en l'espèce, on ne pouvait reprocher aucun acte de prosélytisme à l'agent barbu, ce qui interdit donc de le sanctionner).

b. Le caractère équilibré de l'atteinte

103. – Lorsqu'une liberté fait l'objet de restriction, il doit en résulter un bénéfice pour la société ou pour autrui. Le juge doit donc vérifier l'équilibre entre ce coût et cet avantage. Il ne faut pas un sacrifice disproportionné des droits de l'individu pour un profit assez négligeable au bénéfice de la société ou d'autrui. Ce bilan coûts-avantages est depuis longtemps appliqué pour apprécier certaines interventions sur le corps humain : on compare les risques de l'intervention avec ses bénéfices escomptés. Le même contrôle est utilisé pour statuer, par exemple, sur les atteintes à l'article 10 de la Convention EDH (liberté d'expression et de communication).

On mentionnera quelques illustrations s'agissant de cet article.
- Civ. 2e, 19 octobre 2006, Camel[2] : la Cour d'appel de Paris avait interdit une campagne publicitaire anti-tabac (lancée par une association luttant contre les maladies respiratoires) qui discréditait de manière humoristique la marque Camel. Pour la Cour de cassation, les juges du fond ont violé l'article 10 de la Convention EDH : les intérêts économiques de cette marque de tabac ne peuvent pas l'emporter sur la liberté d'expression de l'association défendant la santé publique. L'équilibre des intérêts en présence devait conduire à tolérer la campagne publicitaire litigieuse.
- Crim. 8 janvier 2019, John Malkovich[3] : le journal Le Monde avait été condamné pour avoir diffamé l'acteur en suggérant qu'il pratiquait l'évasion fiscale. La Cour d'appel de Paris avait en outre ordonné au journal de publier cette condamnation en première page et en gros caractères pendant un mois. Cette décision se trouve censurée car elle n'est pas correctement justifiée au regard de l'article 10 : il aurait fallu s'assurer que la mesure ordonnée, exceptionnelle dans son principe et ses modalités, ne s'apparentait pas à une sanction disproportionnée au regard de l'atteinte portée à la liberté d'expression du journal.

---

1. CE 12 févr. 2020, Dalloz actualité 20 févr. 2020, obs. Th. Bigot.
2. n° 05-13.489, JCP éd. E 2007, n° 1789.
3. n° 17-85.110, Légipresse 2019 p. 149, note J. Lesueur.

- Civ. 1re, 6 janvier 2021, Bernard Preynat[1] : le film « Grâce à Dieu » de François Ozon présentait comme coupable un prêtre qui n'avait pas encore été jugé pour abus sexuels sur mineurs. Fallait-il interdire en référé la sortie de ce film ? La réponse est non, car cela aurait infligé une atteinte disproportionnée à la liberté d'expression. En ce sens, les premiers juges avaient relevé que l'interdiction de sortie du film aurait entraîné des conséquences économiques non supportables pour ses producteurs ; en outre un avertissement en fin de film indiquait aux spectateurs que le prêtre était présumé innocent, ce qui permettait de respecter les droits de ce dernier.

Civ. 1°, 6 janvier 2021, n° 19-21.718, Bernard Preynat

8. Le droit à la **présomption d'innocence** et le droit à la **liberté d'expression** ayant la même valeur normative, **il appartient au juge saisi de mettre ces droits en balance en fonction des intérêts en jeu et de privilégier la solution la plus protectrice de l'intérêt le plus légitime.**

9. Cette mise en balance doit être effectuée en considération, notamment, de la teneur de l'expression litigieuse, sa contribution à un débat d'intérêt général, l'influence qu'elle peut avoir sur la conduite de la procédure pénale et la proportionnalité de la mesure demandée (CEDH, arrêt du 29 mars 2016, Bédat c. Suisse [GC], n° 56925/08).

10. L'arrêt retient, d'abord, que (…) **ce film** n'est (…) pas un documentaire sur le procès à venir et que, présenté par son auteur comme une œuvre sur la libération de la parole de victimes de pédophilie au sein de l'Église catholique, il **s'inscrit** dans une actualité portant sur la dénonciation de tels actes au sein de celle-ci et **dans un débat d'intérêt général qui justifie que la liberté d'expression soit respectée et que l'atteinte susceptible de lui être portée pour assurer le droit à la présomption d'innocence soit limitée.**

11. L'arrêt précise, ensuite, que le film débute sur un carton indiquant « Ce film est une fiction, basée sur des faits réels », informant le public qu'il s'agit d'une œuvre de l'esprit et s'achève par un autre carton mentionnant « Le père G... bénéficie de la présomption d'innocence. Aucune date de procès n'a été fixée », que cette information à l'issue du film venant avant le générique, tous les spectateurs sont ainsi informés de cette présomption au jour de la sortie du film. Il constate, par

---

1. n° 19-21.718, D. 2021 p. 780, note S. Detraz.

> motifs adoptés, que les éléments exposés dans le film étaient déjà connus du public. Il ajoute que l'éventuel procès de M. G... n'est pas même prévu à une date proche et qu'il n'est pas porté atteinte au droit de l'intéressé à un procès équitable.
>
> **12.** Il énonce, enfin, que la suspension de la sortie du film jusqu'à l'issue définitive de la procédure pénale mettant en cause M. G... pourrait à l'évidence ne permettre sa sortie que dans plusieurs années, dans des conditions telles qu'il en résulterait une atteinte grave et disproportionnée à la liberté d'expression.
>
> **13.** De ces constatations et énonciations, desquelles il résulte qu'**elle a procédé à la mise en balance des intérêts en présence** et apprécié l'impact du film et des avertissements donnés aux spectateurs au regard de la procédure pénale en cours, sans retenir que la culpabilité de l'intéressé aurait été tenue pour acquise avant qu'il ne soit jugé, **la cour d'appel (...) a déduit, à bon droit, que la suspension de la diffusion de l'œuvre audiovisuelle « Grâce à Dieu »** jusqu'à ce qu'une décision définitive sur la culpabilité de celui-ci soit rendue **constituerait une mesure disproportionnée aux intérêts en jeu.**

- Civ. 1°, 10 juillet 2024, Association Vegan impact[1] : cette association avait mis en ligne sur son site internet des vidéos tournées sans autorisation dans les locaux d'une société d'élevage de volailles, afin de dénoncer « le calvaire des poules pondeuses ». La Cour d'appel de Versailles juge que les moyens choisis par l'association pour informer le public ont causé une atteinte disproportionnée au droit de propriété de la société d'élevage. La Cour de cassation, assez curieusement, se range à cette opinion, soulignant notamment que le tournage des vidéos avait engendré « un risque pour la santé des animaux et des consommateurs découlant de la méconnaissance des normes sanitaires très strictes en matière d'accès aux locaux et des mesures de biosécurité ». L'association a donc sensibilisé le public à la cause animale, mais en faisant courir des risques aux consommateurs et aux animaux[2] ; c'est en cela que son mode opératoire a basculé dans l'excès...

---

1. n° 22-23.170, Dalloz actualité 17 sept. 2024, obs. N. Hoffschir.
2. ce qui n'a qu'un assez loin rapport avec le droit de propriété de la société d'élevage en cause, quoiqu'en dise la Cour de cassation.

**Civ. 1°, 10 juill. 2024, n° 22-23.170,
Association Vegan impact**

17. Il résulte de la jurisprudence de la Cour européenne des droits de l'homme que, **lorsqu'il s'agit d'évaluer la proportionnalité d'une ingérence dans l'exercice du droit à la liberté d'expression, il y a lieu de prendre en considération la contribution de la publication incriminée à un débat d'intérêt général**, la notoriété de la personne visée, l'objet du reportage, le comportement antérieur de la personne concernée, **le contenu, la forme et les répercussions de ladite publication, le mode d'obtention des informations et leur véracité** ainsi que la gravité de la sanction imposée (CEDH, arrêt du 10 novembre 2015, Couderc et Hachette Filipacchi associés c. France [GC], n° 40454/07, § 93 ; CEDH, Société éditrice de Mediapart et autres c. France, 14 janvier 2021, § 76).

18. La cour d'appel a retenu, d'abord, qu'il existait un débat public d'intérêt général sur la question du bien-être animal et que l'association disposait d'un droit d'informer le public sur le sujet des maltraitances animales et de choisir les moyens d'expression qui lui paraissaient les plus adaptés. Elle a relevé, ensuite, que **le tournage des vidéos, sans autorisation, en violation du droit de propriété de la société, avait engendré un risque pour la santé des animaux et des consommateurs découlant de la méconnaissance des normes sanitaires très strictes en matière d'accès aux locaux et des mesures de biosécurité**. Elle a considéré, enfin, que **la divulgation des images présentées de manière particulièrement accrocheuse, destinée à susciter l'indignation de l'opinion publique, comportait un risque important de mise en péril de la jouissance paisible du propriétaire**.

19. Ayant ainsi procédé à la mise en balance des droits en présence, elle en a justement déduit que **les moyens choisis** par l'association aux fins de parvenir à son objectif de sensibilisation à la cause animale **avaient causé une atteinte disproportionnée aux droits de la société**.

3. Le respect de la substance du droit fondamental

104. – Le juge ne peut pas autoriser un acte qui réduit à néant la protection d'un droit fondamental, pas plus qu'il ne peut appliquer une loi qui revient, du fait de ses conditions d'application, à paralyser pour un individu donné la mise en œuvre d'une liberté.

Cette dernière condition fonctionne le plus souvent de manière négative : le juge expliquera aux plaideurs que la mesure qu'ils dénoncent ne les prive pas *totalement* de leurs droits. En appliquant des arrêts de la Cour EDH[1], c'est ce qu'on peut répondre, en droit interne, à des parents qui dénonceraient certains programmes scolaires en invoquant leur droit d'éduquer leurs enfants conformément à leurs convictions (droit garanti par l'article 2 du Protocole additionnel n° 1 à la Convention EDH). Les scenarii se ressemblent toujours plus ou moins :

- des parents chrétiens demandent une dispense de scolarisation pour leurs enfants, afin de leur épargner les cours d'éducation sexuelle, l'étude des contes de fées et la violence croissante entre élèves. Le refus qu'on leur oppose ne viole pas leur droit d'éduquer leurs enfants selon leurs propres convictions, car ce droit continue à pouvoir être exercé après le temps d'école ainsi que le week-end et pendant les vacances.
- des parents contestent l'enseignement obligatoire de connaissances religieuses qui accorde une place prépondérante au christianisme. Les juges saisis pourront invoquer les traditions historiques de l'Europe pour justifier cette situation. Il n'existe pas, en outre, un droit des parents à laisser leurs enfants dans l'ignorance religieuse et philosophique.
- des parents de confession protestante s'attaquent à des cours d'éthique laïque qui s'avèrent critiques par rapport au christianisme et qui, selon leur opinion, n'accordent pas suffisamment de place à cette religion. Leur requête sera rejetée car ils ne sont pas empêchés d'éclairer eux-mêmes leurs enfants, ils peuvent les inscrire à un cours de religion protestante, et surtout il n'existe pas un droit à ne pas être exposé à des convictions religieuses contraires aux siennes.

---

1. Respectivement Cour EDH 11 sept 2006, Konrad c/Allemagne ; 29 juin 2007, Folgero c/Norvège (RTDH 2008 p. 251, obs. G. Gonzalez) ; 6 oct. 2009, Appel-Irrgang c/ Allemagne.

Titre 3
Étude de quelques droits fondamentaux

105. – Afin d'illustrer les développements précédents, le choix a été fait de traiter la liberté d'expression (**Chapitre 1**) qui est extrêmement protégée, la liberté religieuse (**Chapitre 2**) qui l'est relativement peu, et le droit à la protection de la santé (**Chapitre 3**) qui pourrait légitimement passer pour le droit le plus essentiel mais dont la prise en compte est parfois entravée.

Pour une étude exhaustive de tous les droits fondamentaux, on renverra à des ouvrages d'une autre ampleur[1].

---

1. Notamment : F. Krenc, Une Convention et une Cour pour les droits fondamentaux, la démocratie et l'état de droit en Europe, éd. Anthemis, 2023 ; C. Laurent-Boutot, Fiches sur la Convention européenne des droits de l'homme, Ellipses 2019 ; M. de Ravel d'Esclapon, La Convention européenne des droits de l'Homme en schémas, Ellipses 2024 ; Fl. Crouzatier-Durand, Fiches de libertés publiques et droits fondamentaux, Ellipses, 5e éd. 2024 ; L. Burgorgue-Larsen, La Convention européenne des droits de l'homme, LGDJ, 4e éd. 2024 ; J.-P. Marguénaud, La Cour européenne des droits de l'homme, Dalloz, 7e éd. 2016 ; J.-F. Renucci, Droit européen des droits de l'homme, LGDJ, 9e éd. 2021 ; C. Gauthier, S. Platon et D. Szymczak, Droit européen des droits de l'Homme, Sirey, 2017 ; Les « guides sur la jurisprudence » sur le site de la Cour EDH : https://ks.echr.coc.int/fr/web/echr-ks/all-case-law-guides

Chapitre 1
La liberté d'expression

106. – La liberté d'expression est parfois considérée comme le droit fondamental favori de la Cour EDH. Il est vrai que c'est une liberté qui présente la particularité de permettre d'alerter sur les violations de tous les autres droits, d'informer le public sur les dysfonctionnements démocratiques, etc. Depuis 1976, la Cour de Strasbourg répète inlassablement que la liberté d'expression, garantie par l'article 10 de la Convention, vaut aussi pour les paroles qui heurtent, choquent ou inquiètent l'État ou une fraction quelconque de la population[1]. En 1994, elle a indiqué qu'au nom de la liberté d'expression, les croyants devaient tolérer le rejet par autrui de leurs convictions religieuses et même la propagation de doctrines hostiles à leur foi[2].

Face au foisonnement des décisions sur ces questions, on s'en tiendra à relever que l'article 10 protège par principe les discours, créations et performances qui relèvent du débat d'intérêt général ou de l'humour : c'est le terrain de l'expression triomphante (**Section 1**). De manière exceptionnelle, les États sont parfois jugés légitimes à sanctionner l'exercice de la liberté d'expression (**Section 2**).

---

1. Cour EDH 7 déc. 1976, Handyside c/Royaume-Uni, *in* Les grands arrêts de la Cour européenne des droits de l'homme, PUF, 10ᵉ éd. 2022, n° 7, obs. F. Sudre.
2. Cour EDH 20 sept. 1994, Otto-Preminger-Institut c/Autriche, RTDH 1995, p. 417, note G. Haarscher. *Cf.* sur cette thématique : G. Gonzalez, Liberté d'expression et respect des convictions religieuses devant la Cour européenne des droits de l'homme : un combat (heureusement ?) inégal, Revue du droit des religions, 15/2023, p. 145.

Section 1
L'expression triomphante

107. – Comme tous les droits fondamentaux, la liberté d'expression n'est pas absolue ; elle peut être restreinte, encadrée. Cependant, la Cour EDH retient que « l'article 10 § 2 de la Convention ne laisse guère de place pour des restrictions à la liberté d'expression en matière de discours politique ou de débat sur des questions d'intérêt général[1] ». Cette réserve fonctionne presque comme un sésame (**§ 1**). L'argument de l'humour (ou de la satire) fonctionne sur le même mode, même s'il paraît moins impérieux (**§ 2**). Dans certains cas, les deux justifications se cumulent, confortant encore plus la libre expression (**§ 3**).

§ 1 Le sésame du débat d'intérêt général

108. – Lorsque des propos participent à un débat d'intérêt public, leur protection se trouve renforcée. Afin de préserver les droits d'autrui (notamment la vie privée), une sanction civile de l'expression n'est nullement exclue, mais elle devra être soigneusement motivée par les juridictions internes. En revanche, la sanction pénale de l'expression sur une question d'intérêt général sera éminemment suspecte, voire interdite, aux yeux de la Cour européenne[2] ; et cela vaut aussi quand les idées s'expriment par des performances ou des actions de protestation[3]. On en donnera deux illustrations.

---

1. *Cf.* par exemple Cour EDH 23 juin 2016, Baka c/Hongrie, § 159.
2. V. par exemple Cour EDH 2 sept. 2021, Z.B. c/France, § 67 (Revue des droits et libertés fondamentaux (en ligne) 2022, chron. n° 30, note D. Szymczak). *Cf.* aussi l'étude À propos du fait justificatif fondé sur la liberté d'expression, Revue générale du droit (en ligne), 2019, numéro 49516.
3. V. ainsi Cass. Crim. 11 sept. 2024, n° 23-82.717, cassant au visa de l'article 10 une condamnation, pour attroupement, à une peine d'emprisonnement avec sursis prononcée contre des militants s'étant opposés à l'installation d'un site d'expérimentation de déchets radioactifs, car la cour d'appel n'a pas recherché « ainsi qu'il lui était demandé, si l'incrimination pénale des comportements poursuivis ne constituait pas, en l'espèce, une atteinte disproportionnée à la liberté d'expression des prévenus ».

- Cour EDH 13 octobre 2022, Bouton c/France[1] : il est disproportionné de condamner une Femen à un mois d'emprisonnement avec sursis pour avoir exhibé sa poitrine et mimé un avortement dans l'église de la Madeleine, dès lors qu'elle voulait simplement s'exprimer sur le droit à l'IVG et dénoncer la position de l'Église catholique sur cette question.

Cour EDH 13 oct. 2022, Bouton c/France

48. (...) la Cour considère (...) qu'eu égard à son caractère militant, l'action de **la requérante**, qui **cherchait à exprimer ses convictions politiques**, dans la ligne des positions défendues par le mouvement des Femen au nom duquel elle agissait, doit être regardée comme constituant une « performance » entrant dans le champ d'application de l'article 10. **La mise en scène à laquelle s'est prêtée la requérante**, la poitrine dénudée, et qui était organisée selon les modalités arrêtées par le mouvement des Femen, **avait** en effet **pour but de véhiculer**, dans un lieu de culte symbolique, **un message relatif à un débat public et sociétal** portant sur le positionnement de l'Église catholique sur une question sensible et controversée, à savoir le droit des femmes à disposer librement de leur corps, y compris celui de recourir à l'avortement.

49. Dans ces conditions, la Cour considère qu'alors même qu'elle a été exercée, dans la présente affaire, d'une manière qui était susceptible d'offenser des convictions personnelles intimes relevant de la morale voire de la religion compte tenu du lieu choisi pour réaliser la performance, où pouvaient se trouver, par définition, de plus nombreux croyants que dans tout autre lieu (...), **la liberté d'expression de la requérante devait bénéficier d'un niveau suffisant de protection, allant de pair avec une marge d'appréciation des autorités nationales atténuée dès lors que le contenu de son message relevait d'un sujet d'intérêt général** (...).

53. La Cour rappelle qu'**une peine de prison infligée dans le cadre d'un débat politique ou d'intérêt général n'est compatible avec la liberté d'expression** garantie par l'article 10 de la Convention **que dans des circonstances exceptionnelles**, notamment lorsque d'autres droits fondamentaux ont été gravement atteints, comme dans l'hypothèse, par exemple, de la diffusion d'un discours de haine ou d'incitation à la violence (...). En l'espèce, **l'action de la requérante** à laquelle aucun comportement injurieux ou haineux n'a été reproché, quelque

---

[1]. JCP 2022, act. 1455, note J.-Ch. Saint-Pau.

choquante qu'elle ait pu être pour autrui eu égard à la nudité qu'elle a imposée dans un lieu public, comportement sanctionnable en vertu du droit pénal interne, **avait pour seul objectif de contribuer, par une performance délibérément provocante, au débat public sur les droits des femmes, plus spécifiquement sur le droit à l'avortement.** Aucune condamnation antérieure n'était inscrite au casier judiciaire de la requérante. Elle était insérée socialement et professionnellement, percevant des revenus, de sorte que la référence à « la personnalité de l'auteur » pour justifier la peine ne renvoyait à aucun élément précis et défavorable (...) ni ne justifiait le choix de ne pas retenir une peine non privative de liberté.

- La Cour EDH a considéré que le fait de brûler en place publique l'effigie d'un monarque relève de l'expression symbolique d'une insatisfaction populaire et d'une protestation politique[1], il ne faut donc pas y voir une incitation à la haine ou à la violence.

Cour EDH 13 mars 2018, Stern Taulats et Roura Capellera c/Espagne

36. La Cour note d'abord que **l'acte reproché aux requérants s'inscrit dans le cadre de la critique politique, et non personnelle, de l'institution de la monarchie en général et en particulier du Royaume d'Espagne** en tant que nation. Cette conclusion apparaît clairement à l'examen du contexte dans lequel cet acte a eu lieu. Celui-ci s'est produit à l'occasion de la visite institutionnelle du Roi d'Espagne à Gérone, qui a été suivie d'une manifestation antimonarchique et indépendantiste qui avait pour devise « *300 ans de Bourbons, 100 ans de lutte contre l'occupation espagnole* ». C'est à la suite de cette manifestation qu'un rassemblement s'est tenu sur une place de la ville et que les requérants se sont positionnés au milieu de cette place pour se livrer à la mise en scène qui a abouti à leur condamnation pénale, en utilisant une photographie du couple royal. **Cette mise en scène controversée s'inscrivait dans le cadre d'un débat sur des questions d'intérêt public, à savoir l'indépendance de la Catalogne,** la forme monarchique de l'État et la critique du Roi en tant que symbole de la nation espagnole. Tous ces éléments permettent de conclure qu'**il ne s'agissait pas d'une**

---

1. Cour EDH 13 mars 2018, Stern Taulats et Roura Capellera c/Espagne, JCP 2018, actu. 361, obs. H. Surrel.

attaque personnelle dirigée contre le Roi d'Espagne, **ayant pour but de mépriser et de vilipender la personne de ce dernier, mais d'une critique envers ce que le Roi représente**, en tant que chef et symbole de l'appareil étatique et des forces qui, selon les requérants, avaient occupé la Catalogne – ce qui relève du domaine de la critique ou dissidence politique et correspond à l'expression d'un rejet de la monarchie en tant qu'institution.

39. La Cour est également d'avis que l'on ne peut pas non plus considérer que l'intention des requérants était d'inciter à la commission d'actes de violence contre la personne du Roi, et ce bien que la mise en scène eût abouti à brûler l'image du représentant de l'État (…). Elle note qu'un acte de ce type doit être interprété comme l'expression symbolique d'une insatisfaction et d'une protestation. **La mise en scène orchestrée par les requérants en l'espèce**, bien qu'ayant abouti à brûler une image, **est une forme d'expression d'une opinion dans le cadre d'un débat sur une question d'intérêt public, à savoir l'institution de la monarchie.** La Cour rappelle dans ce contexte que la liberté d'expression vaut non seulement pour les « informations » ou « idées » accueillies avec faveur ou considérées comme inoffensives ou indifférentes, mais aussi pour celles qui heurtent, choquent ou inquiètent : ainsi le veulent le pluralisme, la tolérance et l'esprit d'ouverture sans lesquels il n'est pas de « société démocratique » (…).

42. (…) **la Cour estime qu'il n'est pas possible de considérer les faits comme faisant partie du discours de la haine, l'exception préliminaire du Gouvernement tirée de l'article 17 de la Convention devant par conséquent être rejetée** (…). En ce qui concerne la sanction pénale imposée aux requérants – ayant consisté en l'imposition d'une peine d'emprisonnement qui devait être exécutée en cas de non-versement de l'amende –, la Cour considère que, dans les circonstances du cas d'espèce, (…) **une peine d'emprisonnement** imposée par une infraction commise dans un cadre de débat politique, en ce qu'elle représente la plus forte réprobation juridique d'un comportement, constitue une ingérence dans la liberté d'expression qui **n'était pas proportionnée** au but légitime poursuivi ni nécessaire dans une société démocratique. Dès lors, **il y a eu violation de l'article 10 de la Convention**.

§ 2 La protection de l'humour et de la satire

109. – Selon la Cour EDH, « le discours humoristique ou les formes d'expression qui cultivent l'humour sont protégés par l'article 10 de la Convention, y compris s'ils se traduisent par la transgression ou la provocation et ce, peu importe qui en est l'auteur[1] ». Nos juridictions n'ont pas attendu ces consignes de la Cour européenne pour défendre l'humour et la satire, tout en sachant parfois leur opposer des garde-fous.

110. – Dans l'affaire opposant Marine Le Pen à Laurent Ruquier[2], l'animateur avait brandi à l'antenne un dessin de Charlie Hebdo suggérant une comparaison entre le programme du FN et des excréments. L'injure semblait constituée à l'égard de Marine Le Pen[3]. En l'espèce, la Cour de cassation avait rendu un premier arrêt en 2016 qui avait décelé une atteinte à la dignité de la présidente du FN, atteinte dépassant les limites admissibles de la liberté d'expression[4]. La Cour d'appel de renvoi avait cependant refusé de s'incliner et l'assemblée plénière en 2019 décide de suivre les juges du fond : montrer ce dessin ne dépasse pas les limites de la liberté d'expression car il est extrait d'une publication humoristique et satirique. Cela relève donc de la parodie dans une émission polémique[5]. Il faut comprendre qu'il aurait été disproportionné au regard de l'article 10 de la Convention européenne, de voir dans cet acte un usage abusif de la liberté d'expression.

---

1. Cour EDH 2 sept. 2021, Z.B. c/France, précité, § 56.
2. Cass. Ass. plénière, 25 oct. 2019, D. 2020 p. 195 note M. Afroukh et J.-P. Marguénaud. *Cf. supra* n° 77.
3. Sous le dessin des excréments, figurait le texte suivant : « Marine Le Pen, la candidate qui vous ressemble »…
4. Crim. 20 sept. 2016, n° 15-82.942, RSC 2016 p. 547, obs. J. Francillon. Dans un arrêt du même jour, concernant aussi Marine Le Pen, les limites de la liberté d'expression n'ont pas été jugées dépassées, car les termes de « salope fascistante » avaient été utilisés sur un mode satirique dans un article polémique (du journal Marianne) : Crim. 20 sept. 2016, n° 15-82.944, Dalloz actualité 12 oct. 2016, obs. S. Lavric.
5. *Cf.* aussi CE 6 mai 2021, n° 440091 : dans une émission radio satirique sur France Inter, il est possible d'évoquer l'homosexualité supposée de Jésus, pour réagir à une décision de justice brésilienne ayant interdit à Netflix de diffuser une série suggérant cette orientation sexuelle du Christ.

Cass. Ass. plénière, 25 oct. 2019, n° 17-86.605, Le Pen c/Ruquier

16. L'exigence de proportionnalité implique de rechercher si, au regard des circonstances particulières de l'affaire, la publication litigieuse dépasse les limites admissibles de la liberté d'expression.

17. En l'absence de dépassement de ces limites, et alors même que l'injure est caractérisée en tous ses éléments constitutifs, les faits objet de la poursuite ne peuvent donner lieu à des réparations civiles.

18. En l'espèce, l'arrêt retient que **l'affiche, qui a été publiée dans un journal revendiquant le droit à l'humour et à la satire,** comporte une appréciation du positionnement politique de Mme Le Pen à l'occasion de l'élection présidentielle et a été montrée par M. Ruquier avec d'autres affiches parodiant chacun des candidats à l'élection présidentielle, dans la séquence d'une émission polémique s'apparentant à une revue de presse, mention étant expressément faite que **ces affiches émanent d'un journal satirique et présentent elles-mêmes un caractère polémique.**

19. La cour d'appel, qui a exactement apprécié le sens et la portée de cette affiche à la lumière des éléments extrinsèques qu'elle a souverainement analysés, en a déduit, à bon droit, que **la publication litigieuse ne dépassait pas les limites admissibles de la liberté d'expression.**

La Cour de cassation en 2018 avait déjà protégé le droit à l'humour ne dépassant pas les limites de la libre expression dans une affaire opposant cette fois Nadine Morano à Charlie Hebdo[1] : la Cour d'appel de Paris était approuvée pour avoir retenu qu'il n'appartient pas aux juridictions d'apprécier le bon ou le mauvais goût d'une caricature grotesque.

111. – La liberté d'expression d'un humoriste doit cependant s'incliner en cas d'atteinte à la vie privée d'un enfant, ce dernier devant être laissé hors du débat politique ; la Cour de cassation l'a précisé en 2014. En l'espèce[2], l'imitateur Laurent Gerra avait contrefait sur RTL la voix d'une petite fille, en citant son prénom exact, celui de sa mère Marine et en faisant des références évidentes à son grand-père, dont la voix était tout à fait recon-

---

1. Crim. 19 févr. 2019, n° 18-80.405 : la couverture de l'hebdomadaire représentait la députée européenne, bébé, dans les bras du général de Gaulle, avec en légende « la fille trisomique cachée du général de Gaulle »...
2. Civ. 1° 20 mars 2014, n° 13-16.829, JCP 2014 n° 579, obs. P. Idoux.

naissable (en l'occurrence celle de Jean-Marie Le Pen). L'humoriste imite la petite fille censée chanter des comptines, visiblement déformées par les idées politiques de ses ascendants[1]. Les parents de l'enfant y voient une atteinte à sa vie privée. La Cour d'appel de Paris ne reconnaît pas cette atteinte, se retranchant derrière l'effet comique et tout à fait invraisemblable des propos que l'imitateur a fait tenir à la fillette, et invoquant aussi l'absence de révélation sur celle-ci. Les juges parisiens sont néanmoins censurés au visa des articles 8 et 10 de la Convention EDH (vie privée et liberté d'expression) : l'enfant était identifiable et sa personne était utilisée, cela est contraire au respect de sa vie privée. L'atteinte à ce droit aurait donc dû être retenue et cela malgré la liberté d'expression de l'humoriste.

Civ. 1° 20 mars 2014, n° 13-16.829, Le Pen c/Gerra

Vu l'article 9 du Code civil, ensemble les articles 8 et 10 de la Convention de sauvegarde des droits de l'homme et des libertés fondamentales ;

Attendu que, pour débouter les consorts Z..., l'arrêt relève, par motifs propres ou adoptés, que les propos litigieux ont été tenus en direct dans un sketch radiophonique par un imitateur humoriste, que la scène est purement imaginaire, caricaturale, aucune confusion n'étant possible pour les auditeurs avec une émission d'information (...) ;

Qu'en statuant ainsi, quand **le droit de chacun au respect de sa vie privée et familiale s'oppose à ce que l'animateur d'une émission radiophonique, même à dessein satirique, utilise la personne de l'enfant et exploite sa filiation pour lui faire tenir des propos imaginaires et caricaturaux** à l'encontre de son grand-père ou de sa mère, fussent-ils l'un et l'autre des personnalités notoires et dès lors légitimement exposées à la libre critique et à la caricature incisive, l'arrêt, qui relève que, si les noms de B... et de Z... n'étaient pas cités, **l'enfant était identifiable** en raison de la référence à son âge, à son prénom exact, à celui de sa mère Marine et d'un tic de langage de son grand-père, la cour d'appel, méconnaissant les conséquences légales de ses propres constatations, a violé les textes susvisés ;

---

1. « Il court il court le Führer », « Barbie tu dors, Jean Moulin va trop vite »…

§ 3 Le cumul des deux justifications

112. – Il est devenu courant d'aborder publiquement des questions relevant du débat politique en ayant recours à l'impertinence et à la satire. Parce qu'ils ont recours à une exagération évidente, les propos sont vus avec une certaine bienveillance, les victimes souvent elles-mêmes médiatisées devant accepter la critique relevant du débat public. On mentionnera trois affaires.

- Cour EDH 14 mars 2013, Eon c/France[1] : Hervé Eon, ancien conseiller général socialiste, avait été condamné à 30 € d'amende avec sursis pour avoir brandi un écriteau indiquant « casse-toi pauv'con ! » lors d'un déplacement du président Sarkozy[2]. La Cour EDH juge cette sanction pénale disproportionnée au regard d'une simple impertinence satirique. La condamnation de M. Eon pouvait avoir des effets dissuasifs à l'égard des autres individus souhaitant eux aussi s'exprimer sur des questions d'intérêt général[3].

Cour EDH 14 mars 2013, Eon c/France

58. La Cour observe, d'une part, qu'il résulte des éléments retenus par la cour d'appel que le requérant a entendu adresser publiquement au chef de l'État une **critique de nature politique**. Cette juridiction a en effet indiqué qu'il était un militant, ancien élu, et qu'il venait de mener une longue lutte de soutien actif à une famille turque, en situation irrégulière sur le territoire national. (...)

59. Or, la Cour rappelle que **l'article 10 § 2 ne laisse guère de place pour des restrictions à la liberté d'expression dans le domaine du discours et du débat politique** – dans lequel la liberté d'expression revêt la plus haute importance – ou des questions d'intérêt général. Les limites de la critique admissible sont plus larges à l'égard d'un homme politique, visé en cette qualité, que d'un simple particulier : à la différence du second, le premier s'expose inévitablement et consciemment à un contrôle attentif de ses faits et gestes tant par les journalistes que par la masse des citoyens ; il doit, par conséquent, montrer une plus grande tolérance (...).

---

1. D. 2013 p. 968, note O. Beaud.
2. Formule que le président avait lui-même utilisée par le passé.
3. À la suite de cette décision, le délit d'offense au chef de l'État a été supprimé par la loi du 5 août 2013 (mais il reste possible d'être condamné pour injure ou diffamation).

> **60.** La Cour retient, **d'autre part**, qu'en reprenant à son compte une formule abrupte, utilisée par le président de la République lui-même, largement diffusée par les médias puis reprise et commentée par une vaste audience de façon fréquemment humoristique, **le requérant a choisi d'exprimer sa critique sur le mode de l'impertinence satirique.** Or, la Cour a souligné à plusieurs reprises que la satire est une forme d'expression artistique et de commentaire social qui, de par l'exagération et la déformation de la réalité qui la caractérisent, vise naturellement à provoquer et à agiter. C'est pourquoi il faut examiner avec une attention particulière toute ingérence dans le droit d'un artiste – ou de toute autre personne – à s'exprimer par ce biais (...).
>
> **61.** La Cour considère que **sanctionner pénalement des comportements comme celui qu'a eu le requérant en l'espèce est susceptible d'avoir un effet dissuasif sur les interventions satiriques concernant des sujets de société** qui peuvent elles aussi jouer un rôle très important dans le libre débat des questions d'intérêt général sans lequel il n'est pas de société démocratique (...).
>
> **62. Eu égard à ce qui précède**, et après avoir pesé l'intérêt de la condamnation pénale pour offense au chef de l'État dans les circonstances particulières de l'espèce et l'effet de la condamnation à l'égard du requérant, **la Cour juge que le recours à une sanction pénale par les autorités compétentes était disproportionné au but visé** et n'était donc pas nécessaire dans une société démocratique.

- En 2006, le journal Charlie Hebdo avait republié des caricatures de Mahomet initialement parues dans un quotidien danois. Les juges parisiens[1] n'y voient aucune injure : les limites de la liberté d'expression n'ont pas été dépassées. La publication satirique est jugée légitime car, permettant par l'humour de véhiculer une critique politique, elle relève du débat public d'intérêt général, en l'espèce attirer l'attention des lecteurs sur « les dérives de l'islam intégriste soutenant le terrorisme ».
- Un afficheur satirique qui en 2021 avait représenté Emmanuel Macron en Hitler afin de dénoncer la gestion supposée autoritaire de la crise du Covid par le Président, n'a pas été condamné pour injure[2]. Il est

---

1. TGI Paris, 22 mars 2007, JCP 2007, n° 10079, note E. Derieux ; CA Paris 12 mars 2008, Gaz. Palais 18 mars 2008 p. 7.
2. Crim. 13 déc. 2022, n° 22-82.189, Dalloz actualité étudiant 7 mars 2023, obs. J. Bossan.

en effet permis, en vertu de la liberté d'expression, de donner son avis critique sur le passe vaccinal, et de choisir de le faire sur un mode moqueur et très déplaisant pour la victime[1].

Crim. 13 déc. 2022, n° 22-82.189, Macron c/Flori

Vu l'article 10 de la Convention européenne des droits de l'homme :

7. La liberté d'expression ne peut être soumise à des ingérences que dans les cas où celles-ci constituent des mesures nécessaires au regard du paragraphe 2 de ce texte.

8. Pour dire établi le délit d'injure publique, l'arrêt attaqué énonce notamment que l'assimilation de l'actuel président à une figure emblématique du nazisme et au dirigeant du régime de Vichy est une injure.

9. Les juges ajoutent que, si les affiches s'inscrivent clairement dans le débat d'intérêt général sur le passe vaccinal, le droit de recourir à la satire n'autorisait pas pour autant M. [H] à assimiler M. [E] au plus haut dignitaire de l'Allemagne nazie et au plus haut dignitaire du régime de Vichy.

10. Ils en déduisent que M. [H] a dépassé les limites de la liberté d'expression au sens de l'article 10 de la Convention européenne des droits de l'homme.

11. En se déterminant ainsi, la cour d'appel a méconnu le sens et la portée du texte susvisé et du principe ci-dessus énoncé.

12. En premier lieu, les photomontages en cause, pour outrageants qu'ils fussent vis-à-vis de l'actuel Président de la République, se sont inscrits dans le débat d'intérêt général et la polémique qui s'est développée au sujet du passe vaccinal contre le virus du Covid.

13. En second lieu, l'auteur s'est placé sur un mode satirique résultant, pour la première affiche, de la mention « affichage satirique et parodique » et, pour la seconde, du jeu de mots « il n'y a qu'un pass à franchir », de sorte que les affiches incriminées n'ont pas dépassé les limites admissibles de la liberté d'expression.

14. La cassation est par conséquent encourue.

---

1. Des propos outrageants sont pareillement tolérés dans un contexte de campagne électorale : Crim. 10 sept. 2024, n° 23 83.666, à propos d'un maire qualifié de raciste.

Section 2
L'expression sanctionnée

113. – Lorsque celui qui s'exprime tient un discours qui incite à l'intolérance ou à la discrimination (**§ 2**), la protection offerte par l'article 10 devient nécessairement très relative ; l'État sera jugé légitime d'avoir sanctionné de tels propos. Il y a encore plus radical : lorsqu'un discours ou un spectacle véhiculent de la haine, la Cour EDH va considérer qu'ils ne méritent tout simplement pas d'entrer dans le champ de la protection de l'article 10, car ce serait instrumentaliser les droits de l'homme (**§ 1**).

§ 1 En cas d'instrumentalisation des droits de l'homme

114. – L'article 17 de la Convention EDH interdit de se fonder sur les droits protégés par celle-ci pour justifier un comportement « visant à la destruction des droits ou libertés ». On parle de clause guillotine.

Cet article va empêcher d'invoquer le droit de s'exprimer de manière satirique ou humoristique lorsque les propos s'apparentent à un discours de haine, contraire aux valeurs de la Convention européenne. Une des meilleures illustrations se trouve dans l'arrêt M'Bala M'Bala (Dieudonné) c/France[1]. L'humoriste avait été condamné par les juridictions françaises pour injure publique à la suite d'un spectacle particulièrement antisémite (invitation d'un négationniste notoire et utilisation d'un figurant déguisé en déporté juif). Dieudonné saisit la Cour EDH et invoque l'article 10. Sa requête est jugée irrecevable : la Cour indique qu'il ne s'agissait pas d'un spectacle mais d'une démonstration de haine et d'une remise en cause de l'Holocauste. Cette forme d'expression n'était donc en réalité nullement protégée par l'article 10 de la Convention.

---

1. Cour EDH 20 oct. 2015, Les grands arrêts du droit des libertés fondamentales, Dalloz, 4ᵉ éd. 2023, n° 16, note L. Burgorgue-Larsen ; Revue des droits et libertés fondamentaux (en ligne) 2016, chron. 10, B. Nicaud.

**Cour EDH 20 oct. 2015 M'Bala
M'Bala (Dieudonné) c/France**

Sur la violation alléguée de l'article 10

39. La Cour considère ainsi, à l'instar de la cour d'appel, qu'au cours du passage litigieux, la soirée avait perdu son caractère de spectacle de divertissement pour devenir un meeting. **Le requérant ne saurait prétendre**, dans les circonstances particulières de l'espèce et au regard de l'ensemble du contexte de l'affaire, **avoir agi en qualité d'artiste ayant le droit de s'exprimer par le biais de la satire, de l'humour et de la provocation.** En effet, sous couvert d'une représentation humoristique, il a invité l'un des négationnistes français les plus connus, condamné un an auparavant pour contestation de crime contre l'humanité, pour l'honorer et lui donner la parole. En outre, dans le cadre d'une mise en scène outrageusement grotesque, il a fait intervenir un figurant jouant le rôle d'un déporté juif des camps de concentration, chargé de remettre un prix à Robert Faurisson. Dans cette valorisation du négationnisme à travers la place centrale donnée à l'intervention de Robert Faurisson et dans la mise en position avilissante des victimes juives des déportations face à celui qui nie leur extermination, **la Cour voit une démonstration de haine et d'antisémitisme, ainsi que la remise en cause de l'Holocauste.** Elle ne saurait accepter que l'expression d'une idéologie qui va à l'encontre des valeurs fondamentales de la Convention, telle que l'exprime son préambule, à savoir la justice et la paix, **soit assimilée à un spectacle, même satirique ou provocateur, qui relèverait de la protection de l'article 10 de la Convention.**

40. En outre, la Cour souligne que si l'article 17 de la Convention a en principe été jusqu'à présent appliqué à des propos explicites et directs, qui ne nécessitaient aucune interprétation, elle est convaincue qu'**une prise de position haineuse et antisémite caractérisée**, travestie sous l'apparence d'une production artistique, est aussi dangereuse qu'une attaque frontale et abrupte (...). Elle **ne mérite** donc **pas la protection de l'article 10 de la Convention.**

41. Partant, dès lors que les faits litigieux, tant dans leur contenu que dans leur tonalité générale, et donc dans leur but, ont un caractère négationniste et antisémite marqué, **la Cour considère que le requérant tente de détourner l'article 10 de sa vocation** en utilisant son droit à la liberté d'expression à des fins contraires au texte et à l'esprit de la Convention et qui, si elles étaient admises, contribueraient à la destruction des droits et libertés garantis par la Convention (...).

> **42.** En conséquence, la Cour estime qu'en vertu de l'article 17 de la Convention, le requérant ne peut bénéficier de la protection de l'article 10. Il s'ensuit que la requête doit être rejetée comme étant incompatible *ratione materiae* avec les dispositions de la Convention, conformément à l'article 35 §§ 3 a) et 4.
>
> Par ces motifs, la Cour, à la majorité,
>
> Déclare la requête irrecevable.

§ 2 En cas d'incitation à l'intolérance ou à la discrimination

115. – Lorsque des propos incitent à l'intolérance ou à la discrimination, celui qui les a tenus ne pourra pas invoquer avoir contribué objectivement à un débat d'intérêt général. Sanctionner ces propos sera donc plus facilement considéré comme constituant une mesure nécessaire dans une société démocratique[1]. Cela revient à dire que la Cour EDH accordera ici une marge d'appréciation importante aux États. On peut mentionner deux affaires relatives à des personnalités condamnées en droit interne pour des discours offensants envers les musulmans ou nourrissant un sentiment de rejet à leur égard.

- Cour EDH 25 octobre 2018, Sabaditsch-Wolff c/Autriche[2] : lors d'un séminaire d'une fondation politique, cette écrivaine autrichienne laisse entendre que Mahomet, en épousant, selon les textes musulmans, une jeune fille de 6 ans quand il en avait 56, était un pédophile. Les juridictions autrichiennes la condamnent à une peine d'amende pour dénigrement de doctrines religieuses[3]. S'agit-il là d'une violation de la liberté d'expression ? Non d'après la Cour européenne, qui estime que la requérante a dépassé les limites admissibles et que ses propos menaçaient la paix religieuse en Autriche. Plusieurs facteurs expliquent que la sanction pénale infligée à Madame Sabaditsch n'ait pas été jugée contraire à la Convention EDH.

---

1. D'autant que l'article 10 est la seule disposition de la Convention à mentionner les devoirs et responsabilités de celui qui fait usage de sa liberté, ici de s'exprimer publiquement (en ce sens : E. Dreyer, Droit de la communication, éd. Lexisnexis, 2018, n° 68).
2. AJDA 2019, p. 169s, chron. L. Burgorgue-Larsen. La Cour baptise cet arrêt « E.S ».
3. L'Autriche réprime effectivement le blasphème.

D'une part, l'Autriche se voit reconnaître une grande marge d'appréciation, car un État se trouve mieux placé que la Cour pour apprécier ce qui est susceptible de troubler la paix religieuse sur son territoire.

En outre, l'amende prononcée contre la requérante était relativement modique (*a contrario*, si elle avait été très lourde, la décision aurait certainement été différente).

Enfin, les juridictions autrichiennes s'étaient convenablement expliquées, elles avaient effectivement mis en balance les intérêts en cause. Elles avaient estimé que les propos tenus visaient seulement à susciter l'indignation d'autrui et qu'ils ne contribuaient donc pas à un débat d'intérêt général. Une analyse détaillée avait ainsi eu lieu devant les juridictions nationales et la Cour n'a pas souhaité s'en écarter car de manière générale elle ne condamne les États parties qu'en cas de violation flagrante de la Convention européenne[1].

Cet arrêt a cependant été critiqué par certains, qui regrettent que désormais la liberté d'expression puisse être remise en cause lorsqu'elle est offensante envers les musulmans. C'est peut-être là tirer des conclusions générales et orientées à partir d'un simple cas d'espèce.

**Cour EDH 25 oct. 2018,
Sabaditsch-Wolff c/Autriche**

52. La Cour rappelle qu'un groupe religieux doit tolérer le rejet par autrui de ses croyances et même la propagation par autrui de doctrines hostiles à sa foi dès lors que les déclarations en cause n'incitent pas à la haine ou à l'intolérance religieuse. En réalité, l'article 188 du Code pénal [autrichien] n'incrimine pas tout comportement susceptible de heurter des sentiments religieux ou ayant un caractère blasphématoire. Il requiert que pareil comportement se produise dans des conditions de nature à provoquer une indignation légitime et vise ainsi à préserver la paix et la tolérance religieuses. La Cour relève qu'en l'espèce **les juridictions internes ont amplement expliqué les raisons qui les avaient amenées à considérer que les déclarations de la requérante étaient de nature à provoquer une indignation justifiée, à savoir qu'elles n'avaient pas été formulées d'une manière objective visant à contribuer à un débat d'intérêt général** et qu'elles pouvaient uniquement être comprises comme tournées vers le but de démontrer que Mahomet n'était pas digne d'être vénéré (…). La Cour souscrit à cette analyse.

---

1. *Cf. supra* n° 86.

56. (...) la Cour rappelle que **la requérante a été condamnée à une amende modérée,** puisque celle-ci ne s'élevait qu'à 480 € au total pour les trois déclarations, alors que le Code pénal prévoyait jusqu'à six mois d'emprisonnement. (...) **Dans ces circonstances, la Cour estime que la sanction n'était pas disproportionnée.**

57. En conclusion, la Cour estime que **les juridictions internes** ayant eu à connaître de l'affaire ont dûment pris en compte le contexte dans lequel les déclarations avaient été faites et qu'elles **ont soigneusement mis en balance le droit de la requérante à la liberté d'expression et le droit des autres personnes à voir leurs sentiments religieux protégés et la paix religieuse en Autriche préservée.** Elles ont cherché à déterminer la frontière entre la critique admissible de doctrines religieuses et leur dénigrement, et elles ont estimé que les déclarations de la requérante étaient de nature à susciter une indignation justifiée chez les musulmans. La Cour considère par ailleurs que les propos litigieux n'étaient pas formulés d'une manière neutre visant à apporter une contribution objective à un débat public sur les mariages d'enfants (...), mais qu'ils s'analysaient en une généralisation dépourvue de base factuelle. Ainsi, en considérant que **les déclarations de la requérante allaient au-delà des critiques admissibles dans le cadre d'un débat objectif** et en les qualifiant d'attaques injurieuses envers le prophète de l'islam propres à exacerber les préjugés et à mettre en péril la paix religieuse, les juridictions internes sont parvenues à la conclusion que **les faits en cause contenaient des éléments d'incitation à l'intolérance religieuse.** La Cour considère qu'elles ont ainsi livré des motifs pertinents et suffisants et juge que l'ingérence dans l'exercice par la requérante des droits garantis par l'article 10 correspondait à un besoin social impérieux et qu'elle était proportionnée au but légitime poursuivi.

58. Par conséquent, la Cour estime qu'en reconnaissant la requérante coupable de dénigrement de doctrines religieuses, **les juridictions internes n'ont pas outrepassé leur – ample – marge d'appréciation en l'espèce.** Partant, il n'y a pas eu violation de l'article 10 de la Convention.

- Cour EDH 20 décembre 2022, Zemmour c/France[1], à propos d'un discours antimusulmans (les présentant comme des envahisseurs) tenu par un auteur polémiste venu présenter son dernier livre dans une émission de télévision. Il avait été condamné à 3 000 euros d'amende par les juridictions françaises, pour provocation à la discrimination. La

---

1. RSC 2023 p. 190, obs. J.-P. Marguénaud.

Cour européenne n'y voit aucune violation de l'article 10, la condamnation des propos tenus étant jugée nécessaire dans une société démocratique soucieuse de lutter contre les discriminations.

Cour EDH 20 déc. 2022, Zemmour c/France

60. (…) la Cour rappelle que le requérant a présenté les musulmans vivant en France comme des « colonisateurs » et des « envahisseurs » en lutte pour « islamiser » le territoire français et a affirmé que cette situation impliquait qu'ils fassent « un choix entre l'islam et la France ». Elle relève que, par des décisions concordantes, le tribunal correctionnel, la cour d'appel et la Cour de cassation ont considéré que ces propos visaient la communauté musulmane dans son ensemble, et partant un groupe de personnes victimes d'une discrimination désignée par le critère de la religion. Les juridictions nationales ont jugé ainsi qu'**en présentant les personnes de confession musulmane comme une menace pour la sécurité publique et les valeurs républicaines** et qu'en postulant leur nécessaire solidarité avec les violences faites au nom de leur foi, **le requérant nourrissait un sentiment de rejet généralisé à leur égard et ne se bornait pas à une critique de l'islam ou de la montée du fondamentalisme religieux dans les banlieues françaises.** Pour rechercher si les propos du requérant comportaient un appel à des sentiments discriminatoires et haineux envers ce groupe, elles ont tenu compte des qualificatifs virulents appliqués aux personnes le composant et de l'injonction qu'il leur était faite de choisir entre leur religion ou la vie en France pour en déduire que les propos appelaient effectivement à leur rejet et à leur exclusion.

61. Pour sa part, la Cour considère, comme l'ont relevé les juridictions internes, et contrairement à ce que le requérant soutient devant elle en affirmant qu'il se bornait à exprimer son opinion critique sur le phénomène islamiste dans les banlieues françaises, que **ses propos**, présentés comme le fruit d'une « analyse historique et théologique » (…), **contenaient en réalité des assertions négatives et discriminatoires de nature à attiser un clivage entre les Français et la communauté musulmane dans son ensemble** (…). Ainsi qu'elles l'ont fait valoir, le recours à des termes agressifs exprimés sans nuance pour dénoncer une « colonisation » de la France par « les musulmans » avait des visées discriminatoires et non pour seul but de partager avec le public une opinion relative à la montée du fondamentalisme religieux dans les banlieues françaises. Dans ces conditions, et **à la lumière de l'article 17, la Cour considère que les propos du requérant ne relèvent pas d'une catégorie de discours bénéficiant d'une protection renforcée de l'article 10**

de la Convention, et en déduit que les autorités françaises jouissaient d'une large marge d'appréciation pour y apporter une restriction. La Cour réitère à cet égard qu'il importe au plus haut point de lutter contre la discrimination raciale sous toutes ses formes et manifestations (...). Elle rappelle également que des stéréotypes négatifs visant un groupe social agissent, à partir d'un certain degré, sur le sens de l'identité de ce groupe ainsi que sur les sentiments d'estime de soi et de confiance en soi de ses membres (...).

65. Enfin, en ce qui concerne les peines infligées, la Cour rappelle que leur nature et leur quantum constituent aussi des éléments à prendre en considération lorsqu'il s'agit de mesurer la proportionnalité de l'ingérence (...). Elle relève que la sanction maximale encourue pour le délit prévu à l'article 24 alinéa 7 de la loi de 1881 est une peine d'emprisonnement d'une année et une amende de 45 000,00 €. **Compte tenu de la marge d'appréciation de l'État en l'espèce (...), et de la condamnation du requérant au paiement d'une amende d'un montant de 3 000 € qui n'est pas excessif, la Cour est convaincue que l'ingérence litigieuse était proportionnée au but poursuivi.**

66. En conclusion, la Cour considère que l'ingérence dans l'exercice par le requérant de son droit à la liberté d'expression était nécessaire dans une société démocratique afin de protéger les droits d'autrui qui étaient en jeu en l'espèce.

67. Partant, **il n'y a pas eu violation de l'article 10 de la Convention.**

Chapitre 2
La liberté de religion

116. – Plus que toute autre liberté, la liberté de religion ne triomphe pas systématiquement ; on a même parlé de liberté « potiche[1] ». Il faut dire que selon la Cour EDH elle-même, l'article 9, qui garantit la liberté de manifester sa religion, ne protège pas tous les actes motivés par celle-ci. En outre, comme il n'existe pas en Europe une conception uniforme sur les questions religieuses, les règles peuvent varier selon les États et ces derniers disposent d'une marge d'appréciation importante selon la Cour EDH ; les autorités nationales sont en effet les mieux placées pour apprécier la situation.

Pour déclencher la protection de l'article 9 de la Convention EDH, le préalable consiste à qualifier une idéologie de religion. Cette qualification a été écartée s'agissant du pastafarisme, mouvement parodique né aux États-Unis en 2005 et visant à critiquer les droits accordés aux pratiquants de certaines religions. Ses adeptes revendiquent le droit de porter un couvre-chef ridicule, à savoir une passoire à spaghettis. L'un des membres néerlandais du mouvement pastafariste avait invoqué le droit de porter ce couvre-chef sur une photo d'identité pour son permis de conduire. Les autorités néerlandaises refusent. Le requérant échoue aussi devant la Cour EDH : le pastafarisme n'est pas une religion et n'est donc pas protégé par l'article 9 de la Convention[2].

---

1. On doit cette expression à G. Gonzalez (cité par P.-H. Prélot, Droit des libertés fondamentales, éd. Hachette, 2007, n° 599).
2. Cour EDH 9 nov. 2021, De Wilde c/Pays-Bas, Revue des droits et libertés fondamentaux (en ligne) 2022, chron. 03, note S. Sydoryk.

117. – Lorsqu'au contraire cet article s'applique, le fait de l'invoquer peut néanmoins s'avérer décevant pour les plaideurs, car selon la Cour EDH elle-même, l'article 9 n'implique pas toujours le droit de se comporter d'une manière dictée par ses convictions religieuses. Les femmes musulmanes portant le voile[1] peuvent en témoigner à de multiples égards (**Section 2**). Le port du burkini conduit à des solutions à peine plus contrastées (**Section 3**). En comparaison, les symboles chrétiens paraissent mieux tolérés (**Section 1**), mais cela constitue surtout une illustration parmi d'autres de la quasi-inaptitude de l'article 9 à entraîner une condamnation des États.

---

1. S'agissant de la burqa, *cf. supra* n° 16.

Section 1
L'admission des symboles chrétiens « passifs »

118. – Un contentieux est ici emblématique : l'affaire Lautsi c/Italie, qui a donné lieu d'abord à un arrêt de chambre condamnant l'Italie en 2009 puis à un arrêt de grande chambre en 2011 renversant la première décision[1]. Était en cause la présence de crucifix dans les salles de classe des écoles publiques italiennes. Des parents non catholiques y voyaient une violation du principe de laïcité, une violation de l'article 9 garantissant la liberté de pensée, de conscience et de religion, mais aussi une violation de l'article 2 du Protocole additionnel n° 1 à la Convention (consacrant le droit des parents d'assurer l'éducation de leurs enfants conformément à leurs convictions religieuses). Le premier arrêt de 2009 avait condamné l'Italie à l'unanimité des sept juges, relevant notamment que l'exposition obligatoire du symbole chrétien restreignait le droit des enfants scolarisés de croire ou de ne pas croire. Le Premier ministre italien avait qualifié cette décision d'inacceptable.

En 2011, la grande chambre de dix-sept juges fait volte-face[2], par quinze voix contre deux. Les crucifix, qui sont des symboles passifs[3], ne sont pas jugés contraires à la Convention européenne. La Cour donne plusieurs arguments, notamment on n'observe dans les classes italiennes aucun endoctrinement des élèves, il n'y a pas d'enseignement obligatoire du christianisme, et l'espace scolaire italien est ouvert à toutes les religions (il ne prohibe pas le port de tenues à connotation religieuse et le Ramadan y est même fêté).

---

1. Cour EDH 3 nov. 2009, D. 2009 p. 2810, obs. E. Royer ; Cour EDH 18 mars 2011, Dalloz actualité 30 mars 2011, obs. O. Bachelet.
2. La doctrine a parlé d'un « revirement prodigieux » : F. Ghelfi et W. Hoenig, *in* Mélanges J.-F. Renucci, éd. Dalloz, 2024, p. 257s.
3. La doctrine souligne qu'il s'agit plus d'une tradition culturelle que religieuse : X. Bioy, Droits fondamentaux et libertés publiques, LGDJ, 6e éd. 2020, n° 209.

**Cour EDH, grande ch.,
18 mars 2011, Lautsi c/Italie**

65. (...) la décision relative à la présence de crucifix dans les salles de classe des écoles publiques relève des fonctions assumées par l'État défendeur dans le domaine de l'éducation et de l'enseignement et tombe de ce fait sous l'empire de la seconde phrase de l'article 2 du Protocole n° 1. On se trouve dès lors dans un domaine où entre en jeu l'obligation de l'État de respecter le droit des parents d'assurer l'éducation et l'enseignement de leurs enfants conformément à leurs convictions religieuses et philosophiques.

70. (...) **le choix de la présence de crucifix dans les salles de classe des écoles publiques relève en principe de la marge d'appréciation de l'État défendeur.** (...)

Cette marge d'appréciation va toutefois de pair avec un contrôle européen (...).

71. À cet égard, il est vrai qu'en prescrivant la présence du crucifix dans les salles de classe des écoles publiques – lequel, qu'on lui reconnaisse ou non en sus une valeur symbolique laïque, renvoie indubitablement au christianisme –, la réglementation donne à la religion majoritaire du pays une visibilité prépondérante dans l'environnement scolaire.

Cela ne suffit toutefois pas en soi pour caractériser une démarche d'endoctrinement de la part de l'État défendeur et pour établir un manquement aux prescriptions de l'article 2 du Protocole n° 1.

72. De plus, **le crucifix apposé sur un mur est un symbole essentiellement passif**, et cet aspect a de l'importance aux yeux de la Cour, eu égard en particulier au principe de neutralité (...). **On ne saurait notamment lui attribuer une influence sur les élèves comparable à celle que peut avoir un discours didactique ou la participation à des activités religieuses** (...).

74. En outre, les effets de la visibilité accrue que la présence de crucifix donne au christianisme dans l'espace scolaire méritent d'être encore relativisés au vu des éléments suivants. D'une part, cette présence n'est pas associée à un enseignement obligatoire du christianisme (...). D'autre part, selon les indications du Gouvernement, **l'Italie ouvre parallèlement l'espace scolaire à d'autres religions**. Le Gouvernement indique ainsi notamment que le port par les élèves du voile islamique et d'autres symboles et tenues vestimentaires à connotation religieuse n'est pas prohibé, des aménagements sont prévus pour faciliter la conciliation de la scolarisation et des pratiques religieuses non majoritaires, le début et la fin du Ramadan sont « souvent fêtés » dans les écoles et un enseignement religieux facultatif peut être mis en place dans les établissements pour « toutes confessions religieuses reconnues » (...). Par ailleurs,

> rien n'indique que les autorités se montrent intolérantes à l'égard des élèves adeptes d'autres religions, non croyants ou tenants de convictions philosophiques qui ne se rattachent pas à une religion. (...)
>
> **75.** Enfin, la Cour observe que la requérante a conservé entier son droit, en sa qualité de parent, d'éclairer et conseiller ses enfants, d'exercer envers eux ses fonctions naturelles d'éducateur, et de les orienter dans une direction conforme à ses propres convictions philosophiques (...).
>
> **76.** Il résulte de ce qui précède qu'en décidant de maintenir les crucifix dans les salles de classe de l'école publique fréquentées par les enfants de la requérante, **les autorités ont agi dans les limites de la marge d'appréciation dont dispose l'État défendeur dans le cadre de son obligation de respecter,** dans l'exercice des fonctions qu'il assume dans le domaine de l'éducation et de l'enseignement, **le droit des parents d'assurer cette éducation et cet enseignement conformément à leurs convictions religieuses et philosophiques.**
>
> **77.** La Cour en déduit qu'**il n'y a pas eu violation de l'article 2 du Protocole n° 1** dans le chef de la requérante. Elle considère par ailleurs qu'**aucune question distincte ne se pose** en l'espèce **sur le terrain de l'article 9** de la Convention.

En droit français, le Conseil d'État a souligné l'ambivalence des crèches de Noël : elles font partie de l'iconographie chrétienne, mais il s'agit en même temps de décorations accompagnant, « sans signification religieuse particulière », les fêtes de fin d'année. Cela l'a conduit à poser une distinction subtile. Dans l'enceinte de bâtiments publics, une personne publique ne peut pas installer une crèche de Noël, en raison du principe de neutralité des personnes publiques. En revanche, dans les autres emplacements publics (voie publique notamment), l'installation d'une crèche est possible, dès lors qu'elle ne s'apparente pas à un acte de prosélytisme[1].

De manière totalement anecdotique, on signalera qu'en 2022, le Conseil constitutionnel a annulé l'ensemble des votes exprimés lors des présidentielles dans une commune de la Somme, car le scrutin s'était déroulé dans une église, et le confessionnal servait d'isoloir ; cela était évidemment de nature à porter atteinte à la liberté et à la sincérité du scrutin[2]. L'État doit maintenir séparés l'Église et le vote.

---

1. CE 9 nov. 2016, Fédération de la libre pensée de Vendée. *Cf.* M. Heitzmann-Patin, Entre crèches et croix : à la recherche d'une cohérence dans l'application de la loi de 1905, RFDA 2018, p. 624.
2. CC 27 avril 2022, n° 2022-197 PDR.

Section 2
Le voile, symbole actif

119. – On présentera ici cinq situations qui auraient pu inviter la jurisprudence à faire des distinguos. Il n'en a rien été. Le voile islamique[1] peut être interdit, notamment au nom de la laïcité voire au vu de sa portée politique vis-à-vis des personnes qui ne le portent pas.

§ 1 Écolières, collégiennes, lycéennes voilées

120. – En France, depuis 2004, les signes et tenues religieuses ostentatoires sont interdits dans les écoles, collèges et lycées publics[2]. En première intention, il s'agissait de viser le voile, et de protéger celles qui ne le portaient pas[3]. Cette réglementation est conforme à la Convention européenne[4]: l'article 9 n'est pas violé car l'objectif poursuivi est légitime, en l'espèce sauvegarder la laïcité. Est également concernée l'abaya, car son port s'accompagne de revendications religieuses[5].

---

1. Sur son port dans l'entreprise, *cf. supra* n° 43.
2. C'est le lieu qui compte, si bien qu'une étudiante majeure en BTS ou classe préparatoire dans un lycée public ne pourra pas porter le voile.
3. Une règle claire a donc été posée, alors qu'on aurait pu en rester à un examen au cas par cas, selon que la jeune fille exerce un choix personnel ou subit une contrainte parentale. *Cf.* O de Schutter et J. Ringelheim, La renonciation aux droits fondamentaux, 2005, p. 34.
   (https://sites.uclouvain.be/cridho/documents/Working.Papers/CridhoWPs012005.PDF)
4. Cour EDH 30 juin 2009, Aktas c/France, AJDA 2009 p. 2077, note G. Gonzalez. La Cour l'avait déjà indiqué quelques mois plus tôt (Cour EDH 4 déc. 2008, Dogru c/France, Dalloz actualité 12 déc. 2008, obs. Z. Aït El Kadi).
5. CE 27 sept. 2024, Dalloz actu. étudiant 17 oct. 2024, obs. C. de Gaudemont. Le Conseil d'État l'avait dit en référé un an plus tôt : CE (réf.) 7 sept. 2023, D. 2023 p. 1805, note B. Beignier. La solution vaut pour le qamis (version masculine de l'abaya).

Cour EDH 30 juin 2009, Aktas c/France

La Cour constate (...) que dans une société démocratique, où plusieurs religions coexistent au sein d'une même population, il peut se révéler nécessaire d'assortir la liberté [de religion] de limitations propres à concilier les intérêts des divers groupes et à assurer le respect des convictions de chacun (...).

La Cour rappelle aussi que **l'État peut limiter la liberté de manifester une religion, par exemple le port du foulard islamique, si l'usage de cette liberté nuit à l'objectif visé de protection des droits et libertés d'autrui, de l'ordre et de la sécurité publique** (...).

Elle constate (...) que **l'interdiction de tous les signes religieux ostensibles dans les écoles, collèges et lycées publics a été motivée uniquement par la sauvegarde du principe constitutionnel de laïcité** (...) et que cet objectif est conforme aux valeurs sous-jacentes à la Convention (...).

Quant aux propositions de la requérante d'enlever son foulard à l'entrée des salles de cours ou d'y substituer un bonnet ou un bandana qui n'auraient, selon elle, aucune connotation religieuse ou tout le moins ne seraient pas des signes ostensibles ayant pour effet d'exercer une pression, la Cour réitère qu'une telle appréciation relève pleinement de la marge d'appréciation de l'État (...). En effet, les autorités internes ont pu estimer, dans les circonstances de l'espèce, que le fait de porter un tel accessoire vestimentaire à l'intérieur de l'enceinte du lycée constituait également la manifestation ostensible d'une appartenance religieuse, et que la requérante avait ainsi contrevenu à la réglementation. La Cour souscrit à cette analyse et relève qu'eu égard aux termes de la législation en vigueur, qui prévoit que la loi doit permettre de répondre à l'apparition de nouveaux signes voire à d'éventuelles tentatives de contournement de la loi (circulaire du 18 mai 2004), le raisonnement adopté par les autorités internes n'est pas déraisonnable.

Dans ces conditions, la Cour estime que **la sanction de l'exclusion définitive d'un établissement scolaire public n'apparaît pas disproportionnée**. Elle constate par ailleurs que l'intéressée avait la possibilité de poursuivre sa scolarité dans un établissement d'enseignement à distance, dans un établissement privé ou dans sa famille selon ce qui lui a été expliqué, avec sa famille, par les autorités scolaires disciplinaires. Il en ressort que **les convictions religieuses de la requérante ont été pleinement prises en compte face aux impératifs de la protection des droits et libertés d'autrui et de l'ordre public**. En outre, ce sont ces impératifs qui fondaient la décision litigieuse et non des objections aux convictions religieuses de la requérante (...).

> Ainsi, eu égard aux circonstances, et **compte tenu de la marge d'appréciation qu'il convient de laisser aux États dans ce domaine, la Cour conclut que l'ingérence litigieuse était justifiée dans son principe et proportionnée à l'objectif visé** et que ce grief doit être rejeté pour défaut manifeste de fondement. (…)
>
> Par ces motifs, la Cour, à l'unanimité,
>
> Déclare la requête irrecevable.

§ 2 Étudiantes voilées

121. – En France, dans les établissements publics d'enseignement supérieur, les étudiantes peuvent porter le voile. Il n'en est pas de même dans tous les États parties à la Convention EDH.

L'interdiction faite en Turquie aux étudiantes de porter le voile n'a pas été jugée contraire à l'article 9 de la Convention : Cour EDH 10 novembre 2005, Leyla Sahin c/Turquie[1]. En l'espèce, le recteur de l'université d'Istanbul avait interdit, par circulaire, aux étudiantes portant le foulard d'assister au cours. Leyla Sahin, une étudiante en médecine qui était voilée, n'est ainsi pas autorisée à accéder à une salle d'examen. L'ingérence dans sa liberté de religion était prévisible : l'étudiante pouvait prévoir qu'elle s'exposerait à une telle sanction. Le but poursuivi par le recteur était légitime : défendre la laïcité et les valeurs d'égalité hommes-femmes. La réglementation en cause a été par ailleurs appliquée de manière raisonnable : les autorités universitaires ont maintenu le dialogue avec l'étudiante concernée. Au total, la réglementation litigieuse et son application doivent être considérées comme une restriction nécessaire dans le contexte turc, où le voile avait acquis une portée politique[2].

---

1. D. 2005 p. 204, note G. Yildirim.
2. Sur « la défense du modèle laïc turc contre les revendications islamistes » : L. Reverso, La Turquie et la liberté religieuse au miroir de la Cour européenne des droits de l'homme, *in* Mélanges P. Rolland, éd. univ. Dijon, 2022, p. 413.

**Cour EDH 10 nov. 2005,
Leyla Sahin c/Turquie**

104. Il importe tout d'abord d'observer que **l'ingérence litigieuse était fondée notamment sur deux principes, la laïcité et l'égalité**, qui se renforcent et se complètent mutuellement (...).

105. Dans leur arrêt du 7 mars 1989, **les juges constitutionnels ont estimé que la laïcité en Turquie** constituait entre autres le garant des valeurs démocratiques et des principes d'inviolabilité de la liberté de religion pour autant qu'elle relève du for intérieur, et de l'égalité des citoyens devant la loi (...). Ce principe **protège aussi les individus des pressions extérieures**. Selon ces juges, par ailleurs, la liberté de manifester la religion pouvait être restreinte dans le but de préserver ces valeurs et principes.

106. Une telle conception de la laïcité paraît à la Cour être respectueuse des valeurs sous-jacentes à la Convention et elle constate que la sauvegarde de ce principe peut être considérée comme nécessaire à la protection du système démocratique en Turquie.

108. En outre, à l'instar des juges constitutionnels (...), la Cour estime que, **lorsque l'on aborde la question du foulard islamique dans le contexte turc, on ne saurait faire abstraction de l'impact que peut avoir le port de ce symbole, présenté ou perçu comme une obligation religieuse contraignante, sur ceux qui ne l'arborent pas**. Entrent en jeu notamment, (...) la protection des « droits et libertés d'autrui » et le « maintien de l'ordre public » dans un pays où la majorité de la population, manifestant un attachement profond aux droits des femmes et à un mode de vie laïque, adhère à la religion musulmane. Une limitation en la matière peut donc passer pour répondre à un « besoin social impérieux » tendant à atteindre ces deux buts légitimes, d'autant plus que, **comme l'indiquent les juridictions turques (...), ce symbole religieux avait acquis au cours des dernières années en Turquie une portée politique**.

109. La Cour ne perd pas de vue qu'il existe en Turquie des mouvements politiques extrémistes qui s'efforcent d'imposer à la société tout entière leurs symboles religieux et leur conception de la société, fondée sur des règles religieuses (...). Elle rappelle avoir déjà dit que chaque État contractant peut, en conformité avec les dispositions de la Convention, prendre position contre de tels mouvements politiques en fonction de son expérience historique (...). **La réglementation litigieuse** se situe donc dans un tel contexte et elle **constitue une mesure destinée** à atteindre les buts légitimes énoncés ci-dessus et **à protéger ainsi le pluralisme dans un établissement universitaire**.

> **114.** Eu égard à ce qui précède et **compte tenu notamment de la marge d'appréciation laissée aux États contractants**, la Cour conclut que **la réglementation de l'université d'Istanbul**, qui soumet le port du foulard islamique à des restrictions, **et les mesures d'application** y afférentes, étaient justifiées dans leur principe et proportionnées aux buts poursuivis et **pouvaient donc être considérées comme « nécessaires dans une société démocratique »**.
>
> **115.** Partant, il n'y a pas eu violation de l'article 9 de la Convention.

§ 3 Enseignantes voilées

122. – Dans une affaire Kurtulmus c/Turquie, une professeure portant le foulard à l'université d'Istanbul avait reçu un avertissement puis un blâme, et finalement fut réputée démissionnaire. On peut donc considérer qu'elle a été sanctionnée pour non-respect de la neutralité vestimentaire imposée aux fonctionnaires dans l'exercice de leurs fonctions. La Cour EDH ne condamne cependant pas la Turquie : la Cour estime que l'article 9 de la Convention ne confère pas aux individus souhaitant exprimer leur religion le droit de se soustraire à des règles justifiées en l'espèce par la préservation de la laïcité et par la neutralité de la fonction publique[1].

§ 4 Avocates voilées

123. – Selon un arrêt de la Cour de cassation rendu en 2022, le Conseil de l'ordre d'un barreau peut prévoir dans son règlement intérieur qu'un avocat ne peut porter aucun signe manifestant ostensiblement une opinion religieuse[2]. Il s'agit d'assurer l'égalité entre avocats et l'égalité entre justiciables. Ce n'est pas une atteinte disproportionnée à la liberté religieuse ni à la liberté d'expression. Il ne s'agit pas plus d'une discrimination.

---

1. Cour EDH 24 janv. 2006, D. 2006 p. 1717, obs. J.-F. Renucci.
2. Civ. 1°, 2 mars 2022, n° 20-20.185, RTDCiv. 2023 p. 761, note F. Rouvière ; Dalloz actualité 10 mars 2022, obs. L. Bakir.

**Civ. 1ᵉ, 2 mars 2022, n° 20-20.185,
Sarah A.**

21. Il résulte des articles 10 et 11 de la Déclaration des droits de l'homme et du citoyen du 26 août 1789, 9 et 10 de la Convention de sauvegarde des droits de l'homme et des libertés fondamentales, et 18 et 19 du Pacte international relatif aux droits civils et politiques que toute personne a droit, d'une part, à la liberté de pensée, de conscience et de religion, d'autre part, à la liberté d'expression et que la liberté de manifester sa religion ou ses convictions ne peut faire l'objet que des seules restrictions prévues par la loi et nécessaires à la protection de la sécurité, de l'ordre, de la santé ou de la moralité publiques, ou à la protection des droits et libertés d'autrui.

22. Selon l'article 3 de la loi du 31 décembre 1971 précité, les avocats sont des auxiliaires de justice qui prêtent serment d'exercer leurs fonctions notamment avec indépendance et qui revêtent, dans l'exercice de leurs fonctions judiciaires, le costume de leur profession, défini par l'arrêté des consuls du 2 nivôse an XI.

23. Après avoir rappelé que les avocats sont des auxiliaires de justice qui, en assurant la défense des justiciables, concourent au service public de la justice, la cour d'appel a retenu que **la volonté d'un barreau d'imposer à ses membres, lorsqu'ils se présentent devant une juridiction pour assister ou représenter un justiciable, de revêtir un costume uniforme contribue à assurer l'égalité des avocats et, à travers celle-ci, l'égalité des justiciables, élément constitutif du droit à un procès équitable**, qu'afin de protéger leurs droits et libertés, chaque avocat, dans l'exercice de ses fonctions de défense et de représentation, se doit d'effacer ce qui lui est personnel et que le port du costume de sa profession sans aucun signe distinctif est nécessaire pour témoigner de sa disponibilité à tout justiciable.

24. La cour d'appel, qui s'est ainsi fondée sur l'article 3 précité et les usages de la profession, en a déduit à bon droit que **l'interdiction édictée à l'article 9.6 du règlement intérieur du barreau de Lille**, suffisamment précise en ce qu'elle s'appliquait au port, avec la robe, de tout signe manifestant une appartenance ou une opinion religieuse, philosophique, communautaire ou politique, **était nécessaire afin de parvenir au but légitime poursuivi, à savoir protéger l'indépendance de l'avocat et assurer le droit à un procès équitable, mais était aussi, hors toute discrimination, adéquate et proportionnée à l'objectif recherché.**

§ 5 Sportives voilées

124. – Le Conseil d'État juge en 2023 que la Fédération française de football peut, afin de prévenir tout risque d'affrontement, interdire le port sur le terrain de tout signe ou tenue manifestant ostensiblement une appartenance politique, philosophique, syndicale ou religieuse (ici le voile). Il s'agit certes d'une limitation de la liberté d'expression des opinions et convictions, mais elle est ponctuelle (le temps du match), et vise à protéger les droits et libertés d'autrui. La mesure a ainsi été jugée adaptée et proportionnée[1].

---

1. CE 29 juin 2023, Dalloz actualité 12 juillet 2023, obs. A. Balossi-Marques.

Section 3
Plage, piscine et religion musulmane

125. – Le juge administratif a été confronté à l'interdiction du burkini sur certaines plages (**§ 1**) ou au contraire à son autorisation dans une piscine municipale (**§ 3**). La Cour européenne s'est quant à elle prononcée sur l'activité sportive (natation) imposée aux écolières musulmanes (**§ 2**).

§ 1 L'accès aux plages normalement accordé aux femmes en burkini

126. – Après l'attentat terroriste de Nice en juillet 2016, à la question de savoir s'il était possible de prendre en compte les éventuelles réactions suscitées par le port du burkini sur les plages françaises, le Conseil d'État a indiqué que, par principe, seuls des risques avérés d'atteinte à l'ordre public peuvent permettre à un maire de restreindre les libertés fondamentales des estivants[1]. En l'espèce, le burkini porté sur les plages de Villeneuve-Loubet n'engendrait aucun risque de trouble à l'ordre public (cela avait été différent en Corse[2]). Dès lors, l'interdiction de ce vêtement a en l'espèce porté atteinte à la liberté personnelle et à la liberté de conscience.

---

1. CE (réf.) 26 août 2016, Ligue des droits de l'homme et autres, AJDA 2016 p. 2122, note P. Gervier.
2. Une violente rixe avait éclaté sur une plage de Sisco en août 2016, dans des circonstances qui restent floues mais qui avaient nécessité l'intervention d'une centaine de CRS. Certains médias évoquent des femmes qui portaient le foulard ou le niqab, d'autres citent une témoin qui aurait vu des femmes en burkini. C'est en tous les cas un arrêté prohibant ce dernier vêtement qu'avait pris le maire PS de Sisco, arrêté non suspendu par la CAA de Marseille (3 juill. 2017, AJCT 2018 p. 50, obs. G. Le Chatelier ; le pourvoi formé contre cet arrêté a été rejeté par CE 14 févr. 2018, n° 413982).

CE (réf.) 26 août 2016, Ligue des droits de l'homme et autres

5. Si le maire est chargé (...) du maintien de l'ordre dans la commune, il doit concilier l'accomplissement de sa mission avec le respect des libertés garanties par les lois. Il en résulte que **les mesures de police que le maire d'une commune du littoral édicte en vue de réglementer l'accès à la plage et la pratique de la baignade doivent être adaptées, nécessaires et proportionnées au regard des seules nécessités de l'ordre public**, telles qu'elles découlent des circonstances de temps et de lieu, et compte tenu des exigences qu'impliquent le bon accès au rivage, la sécurité de la baignade ainsi que l'hygiène et la décence sur la plage. Il n'appartient pas au maire de se fonder sur d'autres considérations et les restrictions qu'il apporte aux libertés doivent être justifiées par des risques avérés d'atteinte à l'ordre public.

6. Il **ne résulte pas de l'instruction que des risques de trouble à l'ordre public aient résulté, sur les plages de la commune de Villeneuve-Loubet, de la tenue adoptée en vue de la baignade par certaines personnes.** S'il a été fait état au cours de l'audience publique du port sur les plages de la commune de tenues de la nature de celles que l'article 4.3 de l'arrêté litigieux entend prohiber, aucun élément produit devant le juge des référés ne permet de retenir que de tels risques en auraient résulté. En l'absence de tels risques, **l'émotion et les inquiétudes résultant des attentats terroristes, et notamment de celui commis à Nice le 14 juillet dernier, ne sauraient suffire à justifier légalement la mesure d'interdiction contestée.** Dans ces conditions, le maire ne pouvait, sans excéder ses pouvoirs de police, édicter des dispositions qui interdisent l'accès à la plage et la baignade alors qu'elles ne reposent ni sur des risques avérés de troubles à l'ordre public ni, par ailleurs, sur des motifs d'hygiène ou de décence. **L'arrêté litigieux a** ainsi **porté une atteinte grave et manifestement illégale aux libertés fondamentales que sont la liberté d'aller et venir, la liberté de conscience et la liberté personnelle.**

§ 2 L'activité sportive imposée aux écolières musulmanes

127. – Dans une affaire Osmanoglu et Kocabas c/Suisse[1], les parents musulmans de deux fillettes avaient dû payer une amende de 1 300 € pour avoir refusé d'envoyer leurs enfants à un cours de natation mixte dans le cadre scolaire (sachant que des aménagements avaient été proposés à la famille : possibilité de porter le burkini, possibilité de se doucher à l'écart des garçons). Selon la Cour EDH, l'atteinte à leur liberté de religion[2] est justifiée au nom de l'intérêt des enfants à une scolarisation complète, leur permettant une intégration sociale réussie. La Suisse n'est pas condamnée au vu de sa marge d'appréciation importante en l'espèce.

Cour EDH 10 janv. 2017, Osmanoglu et Kocabas c/Suisse

42. Les requérants allèguent que leur croyance leur interdit de laisser leurs enfants participer aux cours de natation mixtes, ajoutant que, même si le Coran ne prescrit de couvrir le corps féminin qu'à partir de la puberté, leur foi leur commande de préparer leurs filles aux préceptes qui leur seront appliqués à partir de leur puberté. **La Cour estime que l'on se trouve en l'espèce dans une situation où le droit des requérants de manifester leur religion est en jeu.** Les requérants étaient titulaires de l'autorité parentale et pouvaient disposer (…) de l'éducation religieuse de leurs enfants. Ils peuvent par conséquent se prévaloir de cet aspect de l'article 9 de la Convention. Par ailleurs, la Cour estime que **les requérants ont effectivement subi une ingérence dans l'exercice de leur droit à la liberté de religion** protégé par cette disposition.

87. Il faut (…) rappeler le rôle subsidiaire du mécanisme de la Convention. Comme la Cour l'a dit à maintes reprises, **les autorités nationales se trouvent en principe mieux placées que le juge international pour se prononcer sur les besoins et contextes locaux.** Lorsque des questions de politique générale sont en jeu, sur lesquelles de profondes divergences peuvent raisonnablement exister dans un État démocratique, il y a lieu d'accorder une importance particulière au rôle du décideur national. (…)

---

1. Cour EDH 10 janv. 2017, D. 2017 p. 111.
2. Seul droit applicable car la Suisse n'a pas ratifié le Protocole n° 1 garantissant le droit des parents d'éduquer leurs enfants selon leurs convictions.

97. (...) la Cour estime que **l'intérêt des enfants à bénéficier d'une scolarisation complète permettant une intégration sociale réussie selon les mœurs et coutumes locales prime sur le souhait des parents de voir leurs filles exemptées des cours de natation mixtes.**

98. (...) La Cour estime certes que l'enseignement du sport, dont la natation fait partie intégrante dans l'école suivie par les filles des requérants, revêt une importance singulière pour le développement et la santé des enfants. Cela étant, **l'intérêt de cet enseignement** ne se limite pas pour les enfants à apprendre à nager et à exercer une activité physique, mais il **réside** surtout **dans le fait de pratiquer cette activité en commun avec tous les autres élèves, en dehors de toute exception tirée de l'origine des enfants ou des convictions religieuses ou philosophiques de leurs parents.**

101. La Cour relève que, **dans la présente affaire, les autorités ont offert des aménagements significatifs aux requérants,** dont les filles avaient notamment la possibilité de couvrir leurs corps pendant les cours de natation en revêtant un burkini. Or les requérants ont soutenu que le port du burkini avait un effet stigmatisant sur leurs filles. Sur ce point, la Cour partage l'avis du Gouvernement selon lequel les requérants n'ont apporté aucune preuve à l'appui de leur affirmation. Elle note que, par ailleurs, les filles des requérants pouvaient se dévêtir et se doucher hors de la présence des garçons. Elle admet que **ces mesures d'accompagnement étaient à même de réduire l'impact litigieux de la participation des enfants aux cours de natation mixtes sur les convictions religieuses de leurs parents.**

103. Un autre facteur à prendre en considération dans l'examen de la proportionnalité de la mesure litigieuse est la gravité de la sanction infligée aux requérants. Les amendes d'ordre infligées aux intéressés s'élevaient à 350 CHF pour chacun des requérants et chacune des filles, soit 1 400 CHF au total. La Cour estime que **ces amendes, que les autorités compétentes ont infligées après avoir dûment averti les requérants, sont proportionnées à l'objectif poursuivi**, à savoir s'assurer que les parents envoient bien leurs enfants aux cours obligatoires, et ce avant tout dans leur propre intérêt, **celui d'une socialisation et d'une intégration réussies des enfants.**

105. Compte tenu de ce qui précède, la Cour estime que, en faisant primer l'obligation pour les enfants de suivre intégralement la scolarité et la réussite de leur intégration sur l'intérêt privé des requérants de voir leurs filles dispensées des cours de natation mixtes pour des raisons religieuses, **les autorités internes n'ont pas outrepassé la marge d'appréciation considérable dont elles jouissaient dans la présente affaire**, qui porte sur l'instruction obligatoire.

106. Partant, il n'y a pas eu violation de l'article 9 de la Convention.

§ 3 Le règlement des piscines municipales

128. – Classiquement, pour des raisons de sécurité (en cas de noyade), les règlements des piscines municipales interdisent les tenues de bain qui ne sont pas près du corps. En 2022, le maire de Grenoble décide d'autoriser les tenues non près du corps qui ne dépassent pas la mi-cuisse. En référé, le Conseil d'État suspend la décision municipale[1] car elle visait à satisfaire une revendication religieuse (le port du burkini) en prévoyant au profit d'une catégorie spécifique d'usagers une dérogation à la règle commune édictée pour des raisons de sécurité. Il s'agissait d'une atteinte au bon fonctionnement du service public et à l'égalité de traitement des usagers.

---

1. CE (réf.) 21 juin 2022, RTDCiv. 2023 p. 70, note P. Deumier.

Chapitre 3
Le droit à la protection de la santé

129. – Il a déjà été souligné qu'en 2023 et 2024, le Conseil constitutionnel et la Cour EDH ont consacré un droit de vivre dans un environnement *respectueux de la santé* et un droit des individus à être protégés contre les effets négatifs du changement climatique *sur leur santé*[1]. Le Conseil l'a énoncé sur le fondement de la Charte de l'environnement, la Cour européenne s'est fondée pour sa part sur l'article 8 de la Convention EDH (respect de la vie privée et du domicile). Avant cette consécration indirecte *via* le droit à un environnement sain[2], le droit à la protection de la santé avait déjà été pris en compte, sur de multiples fondements. Encore faut-il s'entendre : il ne saurait être ici question de croire en un « droit chimérique à une santé parfaite[3] », mais seulement d'envisager le droit à la protection de la santé. Ce droit constitue bien une valeur affirmée (**Section 1**). Si l'on examine certains de ses effets dans des domaines choisis, il apparaît que son effectivité est néanmoins entravée (**Section 2**).

---

1. *Cf.* n° 4.
2. Sur lequel, voir O. Dupéré, *in* R. Bernard-Menoret (dir.), Le grand oral, les droits et libertés fondamentaux, Ellipses, 2ᵉ éd. 2020, p. 496s.
3. À titre principal, on renvoie ici à L. Casaux-Labrunée, Le droit à la santé, *in* Libertés et droits fondamentaux, Dalloz, 26ᵉ éd. 2020, p. 914 à 942.

Section 1
Une valeur affirmée

130. – Dans l'ordre interne, le droit à la protection de la santé développe incontestablement des effets. Son assise constitutionnelle s'avère concrètement, en principe, protectrice pour les choix du législateur dans ce domaine (**§ 1**). Devant la Cour européenne des droits de l'homme, le droit à la santé met en quelque sorte les États sous pression, démontrant par là son caractère contraignant (**§ 2**).

§ 1 Un droit favorable au législateur devant le Conseil constitutionnel

131. – L'alinéa 11 du Préambule de la Constitution de 1946 énonce que la nation garantit à tous « la protection de la santé ». Cette disposition sert de fondement à un principe constitutionnel de protection de la santé publique. En pratique, ce principe contraint peu l'action du législateur : il conforte plutôt celle-ci, voire il interdit de contester les choix du Parlement.

En 1991, la disposition du Préambule a permis de valider la loi Evin, relative à la lutte contre le tabagisme et l'alcoolisme. Cette loi interdit toute publicité en faveur du tabac, en dehors des bureaux de tabac. Les auteurs de la saisine voyaient dans cette interdiction une atteinte au droit de propriété « dans la mesure où elle ne permet plus d'exploiter normalement une marque ». Le Conseil constitutionnel écarte la critique au motif que les nouvelles dispositions législatives « trouvent leur fondement dans le principe constitutionnel de protection de la santé publique[1] ». Pour souligner que l'atteinte au droit de propriété n'est au demeurant pas substantielle, le Conseil ajoute que la loi Evin autorise la publicité à l'intérieur des débits de tabac.

---

1. CC 8 janv. 1991, AJDA 1991 p. 382, note P. Wachsmann (l'auteur souligne que la loi Evin restreint un droit individuel pour des motifs d'intérêt général).

132. – Une décision ultérieure démontre que le principe de protection de la santé ne doit pas être vu comme un outil entre les mains des plaideurs pour oser critiquer les choix du législateur en matière de santé publique. Ainsi en 2015, le Conseil constitutionnel a conforté les dispositions législatives imposant aux enfants une obligation vaccinale contre la diphtérie, le tétanos et la polio. Des parents poursuivis pour non-respect de leur obligation vaccinale dénonçaient le fait que ces vaccins pouvaient présenter un risque pour la santé des jeunes enfants[1]. Le Conseil n'y voit au contraire aucune atteinte aux exigences constitutionnelles, jugeant qu'il ne lui appartient pas « de remettre en cause, au regard de l'état des connaissances scientifiques, les dispositions prises par le législateur ni de rechercher si l'objectif de protection de la santé [publique] que s'est assigné le législateur aurait pu être atteint par d'autres voies[2] ».

§ 2 Un droit contraignant pour les États selon la Cour EDH

133. – Si la Cour EDH est obligée d'admettre que le droit à la santé ne fait pas partie en tant que tel des droits garantis par la Convention, elle décide cependant que les États ont l'obligation positive, au titre de l'article 2, de prendre les mesures nécessaires à la protection de la vie des personnes relevant de leur juridiction et de protéger leur intégrité physique, y compris dans le domaine de la santé publique[3]. Dans un arrêt de 2024, la Cour approuve ainsi l'Autriche d'avoir réagi au discours virulent d'un médecin homéopathe à l'égard du vaccin contre le Covid, car les États avaient, selon la Cour, l'obligation de protéger la vie et la santé des personnes en pleine pandémie[4], en vertu des articles 2 et 8.

---

1. Ils soutenaient qu'il était contraire au Préambule de 1946 qu'ils ne puissent pas s'exonérer de leur obligation légale en se fondant sur les dangers réels ou supposés des vaccins.
2. CC 20 mars 2015 (QPC), Époux L., JCP 2015, n° 634, note K. Foucher et V. Rachet-Darfeuille.
3. Cour EDH 19 déc. 2017, Lopes de Sousa Fernandes c/Portugal, § 165. *Cf.* aussi l'affaire Öneryildiz c/Turquie, précitée n° 18.
4. Cour EDH 27 août 2024, Biclau c/Autriche.

**Cour EDH 27 août 2024, Bielau c/Autriche
(extraits de la note d'information)**

Les juridictions internes ont estimé que les informations sur des questions de vaccination publiées sur le site du requérant étaient totalement partiales et négatives. La pratique des juridictions internes n'interdisait pas de manière générale de critiquer la vaccination, mais appelait plutôt une critique plus nuancée, en particulier lorsque les déclarations émanaient de médecins. Or, en l'espèce, les déclarations négatives du requérant étaient catégoriques.

Le requérant était un médecin et les informations publiées sur son site étaient jugées non conformes à l'état de la science médicale au moment des faits, voire pour certaines non conformes à la raison, selon certains rapports d'expertise. La Cour observe que les déclarations du requérant étaient susceptibles d'avoir un impact très large puisqu'elles avaient été publiées sur un site Internet lié à la pratique médicale de l'intéressé, et donc très facilement accessible à tous, notamment aux non-spécialistes. **Soulignant** les constats auxquels elle est parvenue dans sa jurisprudence antérieure concernant les obligations particulières des médecins, l'importance et les effets positifs de la vaccination, ainsi que **le consensus général parmi les États membres, fermement soutenu par les organismes internationaux spécialisés, revenant à considérer que la vaccination est l'une des interventions médicales qui présentent le plus d'efficacité et le rapport coût-efficacité le plus favorable** et que chaque État doit s'employer à atteindre le taux de vaccination le plus élevé possible parmi sa population, **la Cour rappelle que les articles 2 et 8 de la Convention, notamment, font peser sur les États contractants une obligation positive de prendre les mesures nécessaires à la protection de la vie et de la santé des personnes relevant de leur juridiction.**

En l'espèce, **les déclarations en cause étaient non seulement catégoriques, mais aussi scientifiquement indéfendables**. En outre, le requérant avait publié les déclarations litigieuses sur son site Internet qui était lié à sa pratique médicale, et il faisait ainsi clairement la publicité de ses services.

La Cour conclut que **les juridictions internes ont** fourni des motifs pertinents et suffisants et **ménagé un juste équilibre entre les intérêts concurrents du grand public, d'une part, et de la liberté d'expression du requérant, d'autre part. La sanction disciplinaire infligée** au requérant sous la forme d'une amende d'un montant relativement faible, assortie d'un sursis, à raison de déclarations scientifiquement indéfendables sur l'inefficacité des vaccins publiées par l'intéressé sur son site Internet, et donc en lien avec sa pratique médicale, **n'a pas outrepassé la marge d'appréciation**, de sorte que la mesure litigieuse peut passer pour « nécessaire dans une société démocratique ».

134. – On illustrera le poids des contraintes pour les États en matière de santé en prenant pour exemples concrets les détenus asthmatiques, les salariés exposés à un risque pour leur santé, ou encore les personnes sidéennes expulsables.

En 2005, la Cour EDH condamne la Moldavie pour violation de l'article 3 de la Convention, car cet État a maintenu un détenu asthmatique dans la même cellule que d'autres détenus fumeurs. Du fait de l'impact de telles conditions d'incarcération sur la santé du requérant, la souffrance endurée par ce dernier est constitutive d'un traitement inhumain. Les manquements des autorités pénitentiaires moldaves à l'égard de la protection de la santé du détenu malade étaient ici évidents.

Cour EDH 13 sept. 2005, Ostrovar c/Moldavie (extraits du communiqué du greffe)

La Cour européenne des Droits de l'Homme rappelle que l'article 3 prohibe en termes absolus la torture et les peines et traitements inhumains ou dégradants, quels que soient les circonstances et le comportement de la victime.

La Cour note que les deux cellules dans lesquelles le requérant avait été détenu étaient prévues respectivement pour 14 et 10 détenus mais, selon l'intéressé, elles en accueillaient parfois plus de 20. Chaque détenu disposait d'un espace de 1,78 à 2,02 m^2 (selon le Gouvernement) et de 1,5 à 1,93 m^2 (selon le requérant), ce qui pour la Cour est en deçà des normes acceptables. La Cour estime que le surpeuplement des cellules, quel que fût le nombre exact de détenus, est un élément qui en soi soulève une question sur le terrain de l'article 3 de la Convention.

La Cour note que **les autorités de la prison n'ont pris aucune mesure pour transférer le requérant dans une cellule avec des détenus non-fumeurs, alors qu'elles connaissaient les problèmes de santé de l'intéressé. Le Gouvernement a donc manqué à son obligation de protéger la santé du requérant.** En outre, la Cour n'est pas convaincue que le requérant ait bénéficié du suivi médical régulier qu'il avait demandé, le Gouvernement n'ayant fourni aucun extrait du registre de la prison attestant de visites médicales régulières.

Le Gouvernement ne s'inscrit pas en faux contre les allégations du requérant relatives aux toilettes et à la fourniture d'eau, comme il ne nie pas le fait que les cellules étaient infestées de parasites et que les détenus étaient exposés à des maladies infectieuses. En outre, il ne conteste pas la mauvaise nutrition des détenus.

> **Eu égard aux effets cumulatifs** des conditions régnant dans la cellule, à l'absence d'assistance médicale adéquate, à l'exposition à la fumée de cigarettes, au manque de nourriture et au temps passé en détention, et à l'incidence spécifique **que ces conditions peuvent avoir eu sur la santé du requérant, la Cour estime que l'épreuve endurée par celui-ci semble avoir excédé le niveau inévitable inhérent à la détention et estime que la souffrance en résultant est allée au-delà du seuil de gravité requis par l'article 3 de la Convention.**
>
> La Cour conclut donc que les conditions de détention du requérant étaient contraires à l'article 3 de la Convention.

135. – En 2013, la Cour EDH condamne la Norvège pour violation de l'article 8, lequel génère pour les États l'obligation positive de donner accès aux individus à toutes les informations essentielles leur permettant d'évaluer les risques pour leur santé et leur vie[1]. En l'espèce, l'inspection du travail norvégienne avait tardé à exiger des compagnies pétrolières une transparence totale sur les accidents de décompression, ce qui avait exposé des salariés plongeurs à des conditions de travail entraînant invalidités et maladies professionnelles. Si les autorités nationales avaient été plus réactives, ces salariés auraient été à même d'apprécier les risques qu'ils prenaient pour leur santé[2].

> **Cour EDH 5 déc. 2013, Vilnes c/Norvège
> (extraits de la note d'information)**
>
> (...) il semble probable, au moins avec le recul, que **si les autorités avaient empêché l'utilisation des tables de décompression rapide plus tôt, elles auraient pu éliminer** ce qui apparaît avoir été **une cause majeure d'un risque excessif pour la santé** et la sécurité **des requérants.** (...)
>
> **Considérant** le rôle des autorités relativement au contrôle des opérations de plongée et à la garantie de la sécurité des plongeurs, ainsi que l'insécurité et **l'absence de consensus scientifique à l'époque quant aux effets à long terme des accidents de décompression**, une

---

1. Cet effet a été dégagé dans Cour EDH 19 févr. 1998, Guerra et autres c/Italie, RTDCiv. 1998, obs. J.-P. Marguénaud.
2. Cour EDH 5 déc. 2013, Vilnes c/Norvège, JCP éd. E 2014, étude 1183.

> approche très prudente s'imposait. **Il aurait été raisonnable que les autorités prennent la précaution de s'assurer** que les compagnies étaient totalement transparentes au sujet des tables de plongée et **que les plongeurs recevaient les informations** sur les différences entre les tables et sur les préoccupations pour leur sécurité et leur santé **dont ils avaient besoin pour apprécier les risques** et donner un consentement éclairé. **Ces mesures n'ayant pas été prises, l'État défendeur a manqué à son obligation** d'assurer le droit des requérants au respect de leur vie privée.

136. – Depuis 2016, la Cour européenne admet que l'article 3 peut être violé en cas d'expulsion, par un État partie, d'un étranger gravement malade, s'il existe des motifs sérieux de croire que cette personne ferait alors face, en raison de l'absence de traitements adéquats dans le pays de destination ou du défaut d'accès à ceux-ci, soit à un risque réel d'être exposée à un déclin grave, rapide et irréversible de son état de santé entraînant des souffrances intenses, soit à une réduction significative de son espérance de vie[1].

Il faut souligner qu'en obligeant l'État qui expulse à prendre en considération les possibilités de traitement dans le pays d'accueil, cette règle posée 2016 prend le contre-pied d'un arrêt antérieur de la Cour EDH rendu en 2008, qui n'avait vu aucun traitement inhumain dans le fait pour le Royaume-Uni d'expulser une jeune Ougandaise sidéenne en situation irrégulière, alors même que cette expulsion revenait à réduire l'espérance de vie de celle-ci à moins d'un an du fait de la difficulté à se procurer un traitement adapté en Ouganda. Cette solution de 2008 avait alors été considérée comme l'un des pires arrêts de la Cour[2], mais pouvait s'expliquer par la difficulté politique d'imposer aux États parties de fournir des soins gratuits et illimités à tous les étrangers en situation irrégulière.

---

1. Cour EDH, grande ch., 13 déc. 2016, Paposhvili c/Belgique, Dalloz actualité 16 déc. 2016, obs. D. Poupeau.
2. J.-P. Marguénaud, obs. sur Cour EDH 27 mai 2008, N. c/Royaume-Uni, RTDCiv. 2008 p. 643.

Section 2
Une effectivité entravée

137. – Dans certaines hypothèses, le droit à la protection de la santé souffre d'un manque évident d'effectivité ; la doctrine évoque même un droit en souffrance[1]. Ce handicap s'explique doublement. D'une part, sur le terrain de sa prise en compte, ce droit voit son invocabilité conditionnée à la démonstration d'un risque réel pour la santé (**§ 1**). D'autre part, s'agissant de sa mise en œuvre, la prééminence du droit à la protection de la santé peut se trouver limitée par le poids concurrent d'intérêts économiques ou sociétaux (**§ 2**).

§ 1   Une invocabilité conditionnée

138. – Une personne qui souhaite dénoncer une atteinte à son droit à la protection de la santé doit pouvoir établir que ce qu'elle dénonce (une activité industrielle polluante par exemple) génère des effets négatifs la frappant directement, notamment en ce qui concerne sa vie privée et familiale protégée par l'article 8. Cela revient à dire que la supposée victime doit démontrer qu'elle subit un risque réel pour sa santé. Cette charge probatoire constitue un frein important à la mise en jeu de la responsabilité de l'État devant la Cour EDH. Cela est manifeste dans les contentieux relatifs aux effets des champs électriques ou électromagnétiques.

139. – En 2018, la Cour tranche une affaire dans laquelle il était reproché à la Moldavie d'avoir autorisé la construction de maisons dans une zone de 20 mètres autour d'une ligne à haute tension. La requête est jugée irrecevable, faute pour les requérants de démontrer que l'intensité du champ électrique sur leur terrain entraînait un risque réel pour leur santé[2].

---

1. L. Casaux-Labrunée, article précité.
2. Cour EDH 6 févr. 2018, Calancea c/Moldavie. *Cf.* J.-F. Renucci, Risques environnementaux et Convention européenne des droits de l'homme, Rec. Dalloz 2020 p. 181.

**Cour EDH 6 févr. 2018,
Calancea c/Moldavie**

Sur le grief tiré de l'article 8 de la Convention

23. Les requérants avancent que, compte tenu des circonstances de l'espèce, le seuil minimal pour l'applicabilité de l'article 8 de la Convention a été atteint. Ils arguent également que l'État a failli à ses obligations consistant selon eux à les informer des risques liés à la présence de la ligne à haute tension sur leurs terrains et à faire cesser la violation du droit au respect de la vie privée et familiale dont ils auraient été victimes.

27. La Cour doit déterminer si l'exposition aux champs électromagnétiques produits par la ligne à haute tension située sur les terrains des requérants a dépassé le seuil minimum de gravité pour constituer une violation de l'article 8 de la Convention. À ce sujet, elle rappelle que la constatation de ce seuil est relative et dépend des circonstances de l'affaire, telles que l'intensité et la durée de la nuisance et de ses effets physiques ou psychologiques (…).

28. En l'espèce, la Cour considère que les requérants n'ont pas démontré que l'intensité du champ électrique enregistrée sur leurs terrains (…) était telle qu'il y avait un risque réel pour leur santé.

32. À la lumière de ce qui précède, la Cour estime qu'il n'a pas été prouvé que les valeurs des champs électromagnétiques générés par la ligne à haute tension ont atteint un niveau propre à avoir un effet néfaste sur la sphère privée et familiale des requérants. Elle juge donc que **le seuil minimum de gravité requis pour pouvoir considérer qu'il y a eu violation de l'article 8 de la Convention n'a pas été atteint. Partant, elle ne saurait conclure que l'État a omis de prendre des mesures raisonnables afin de protéger les droits des requérants garantis par cette disposition.**

140. – En 2006, la Cour EDH a jugé irrecevable la requête introduite par une ressortissante suisse, Mme Luginbühl, qui faisait valoir une atteinte à sa santé causée par un projet d'antenne-relais déployé par deux sociétés privées de téléphonie mobile (dont Orange). L'affaire présentait une particularité : l'électrohypersensibilité[1] de la requérante avait été reconnue par le Tribunal fédéral suisse, au vu de symptômes développés alors même qu'elle

---

1. La décision utilise le terme de sensibilité aux émissions dues au phénomène de l'électrosmog, mot désignant la pollution électromagnétique.

était exposée à seulement un dixième des valeurs limites en vigueur. Il s'agissait donc de savoir si l'on pouvait exiger des autorités publiques nationales qu'elles prennent en compte le ressenti des personnes les plus sensibles aux ondes. Pour trancher, la Cour admet d'abord que l'article 8 de la Convention trouve à s'appliquer au cas d'espèce, car des atteintes immatérielles comme des émissions prétendument nocives peuvent, si elles sont graves, priver un individu du droit au respect de son domicile en l'empêchant de jouir de ce dernier. La Cour rappelle aussi que les pouvoirs publics peuvent avoir l'obligation de prendre des mesures pour faire respecter entre personnes privées les droits découlant de l'article 8. Cependant, un faisceau important d'éléments va conduire la Cour à juger que les autorités suisses n'avaient pas à adopter des mesures plus amples de protection pour les riverains électro-hypersensibles[1].

Parmi ces éléments, il faut surtout mentionner la marge d'appréciation importante laissée aux autorités nationales, qui est reconnue ici à un double titre. D'une part, la Cour rappelle que sur les «questions liées à l'environnement», elle n'a pas à se substituer aux États pour décider de la politique optimale[2]. D'autre part, l'incertitude scientifique sur le sujet traité milite pour ne pas accabler l'État défendeur, qui en l'espèce s'est montré attentif. Les autorités suisses ont tenu compte de l'état du débat scientifique actuel selon lequel la nocivité des antennes-relais est une question toujours ouverte, s'appuyant sur une étude de l'office fédéral de l'environnement démontrant qu'aucune conclusion «ne pouvait être tirée concernant l'existence ou l'absence de risques pour la santé». La requérante a beau alors invoquer son statut particulier de personne électrohypersensible, cela ne change pas la donne et conduit la Cour à affirmer de manière tranchante que «la nocivité des antennes pour la santé de la population n'est, à l'heure actuelle, pas scientifiquement prouvée et, dès lors, (…) reste dans une large mesure spéculative». Bref, le risque n'est pas établi, il est hypothétique.

---

1. Cour EDH 17 janv. 2006.
2. Elle renvoie à son arrêt Hatton c/Royaume-Uni (Cour EDH 8 juill. 2003, grande ch., mentionné *infra* n° 144), dans lequel la Cour s'était effectivement mise en retrait, beaucoup plus qu'elle ne l'a fait dans les contentieux climatiques cités *supra* n° 4.

**Cour EDH 17 janv. 2006,
Luginbühl c/Suisse**

À la lumière de l'article 8 de la Convention, **la requérante** soutint que les émissions provoquées par la téléphonie mobile pouvaient entraîner des atteintes à sa santé, même au-dessous des valeurs limites d'émissions admises. À l'appui de sa thèse, elle **invoqua un arrêt du Tribunal fédéral du 10 février 2003 la concernant, dans lequel celui-ci avait explicitement constaté les souffrances réelles de la requérante, en tant que personne sensible à des émissions dues au phénomène de l'électrosmog, même face à seulement un dixième des valeurs limites en vigueur**. Dans cet arrêt, le Tribunal fédéral estima également que les souffrances des personnes concernées pourraient encore s'aggraver si celles-ci étaient confrontées à l'idée d'une construction d'une nouvelle antenne.

En même temps, le Tribunal fédéral rappela **que l'office fédéral de l'environnement, des forêts et du paysage avait publié en 2003 une étude scientifique** sur le sujet des effets sur l'environnement et la santé des téléphones mobiles. **D'après cette étude, il était probable que l'exposition à des téléphones mobiles provoque certains effets, notamment une modification des ondes cérébrales ainsi que des symptômes moins spécifiques**, comme des maux de tête, de la fatigue, des difficultés de concentration et de sommeil ainsi que des démangeaisons. (...) **Selon cette étude, des effets plus graves, telles que leucémie ou tumeurs cérébrales, ne pouvaient être exclus de manière catégorique lors d'une exposition à des rayonnements en dessus des valeurs limites applicables** en Suisse. (...)

Des atteintes du droit au respect du domicile ne visent pas seulement les atteintes matérielles ou corporelles, telles que l'entrée dans le domicile d'une personne non autorisée, mais aussi les atteintes immatérielles ou incorporelles, telles que les bruits, les émissions, les odeurs et autres ingérences. Si les atteintes sont graves, elles peuvent priver une personne de son droit au respect du domicile parce qu'elles l'empêchent de jouir de son domicile (...).

La Cour a déclaré à maintes reprises que, dans des affaires soulevant des questions liées à l'environnement, l'État devait jouir d'une marge d'appréciation étendue (Cour EDH 8 juill. 2003 *Hatton et autres* c/Royaume-Uni, § 100).

En l'espèce, **le projet d'aménagement de l'antenne litigieuse provient de deux entreprises privées** (*TDC Switzerland AG* et *Orange Communications SA)*. À ce sujet, il convient de rappeler que si **l'article 8** a essentiellement pour objet de prémunir l'individu contre les ingérences arbitraires des pouvoirs publics, il **peut** aussi **impliquer l'adoption par ceux-ci de mesures visant au respect des droits garantis par cet article jusque dans les relations des individus entre eux** (...).

Que l'on aborde l'affaire sous l'angle d'une obligation positive, à la charge de l'État, d'adopter des mesures raisonnables et adéquates pour protéger les droits que les requérants invoquent en vertu du paragraphe 1 de l'article 8, ou sous celui d'une ingérence d'une autorité publique à justifier sous l'angle du paragraphe 2, les principes applicables sont assez voisins. Dans les deux cas, **il faut avoir égard au juste équilibre à ménager entre les intérêts concurrents de l'individu et de la société dans son ensemble. En d'autres termes, il suffit de rechercher si les autorités nationales ont pris les mesures nécessaires pour assurer la protection effective du droit des intéressées au respect de leur vie privée et familiale garanti par l'article 8** (...).

En l'occurrence, l'office fédéral de l'environnement, des forêts et du paysage avait publié, en 2003, une étude scientifique sur le sujet des effets des téléphones mobiles sur l'environnement et la santé des individus. Celle-ci démontra qu'il n'existait pas de recherche scientifique sur les effets provenant directement des antennes pour la téléphonie mobile sur les personnes séjournant à proximité. Ainsi, la question de la nocivité de celles-ci était toujours ouverte et jusqu'à présent, aucune conclusion ne pouvait être tirée concernant l'existence ou l'absence des risques pour la santé.

Quant aux autorités compétentes, chargées de mettre en œuvre la politique de la téléphonie mobile, elles ont dûment appliqué les dispositions pertinentes en la matière, tout en respectant les valeurs limites en vigueur. **Compte tenu de l'état du débat scientifique actuel en la matière, elles n'ont pas dépassé leur marge d'appréciation conférée par la législation suisse.**

Dans la mesure où la requérante se plaint du fait que les décisions des autorités suisses n'ont pas suffisamment pris en compte son statut de personne sensible à des émissions dues au phénomène de l'électrosmog, qui est susceptible de la placer dans une situation encore plus délicate que le reste de la population au cas où le projet d'antenne se réalisera, la Cour estime que cette allégation ne change rien à la conclusion selon laquelle **la nocivité des antennes pour la santé de la population n'est, à l'heure actuelle, pas scientifiquement prouvée et, dès lors, qu'elle reste dans une large mesure spéculative. Il s'ensuit qu'on ne saurait, pour l'instant, imposer à la partie défenderesse l'obligation d'adopter des mesures plus amples en faveur des personnes tombant dans les catégories de personnes particulièrement vulnérables à ce sujet.**

> Compte tenu de ce qui précède, et **eu égard en particulier à la marge d'appréciation étendue dont jouit l'État en la matière ainsi qu'à l'intérêt porté par la société moderne pour un réseau de téléphonie mobile intégral, on ne saurait considérer l'obligation de prendre de plus amples mesures pour protéger les droits de la requérante comme raisonnable ou adéquate** au sens de la jurisprudence précitée.
>
> Dès lors, la Cour conclut que le grief tiré de l'article 8 de la Convention doit être rejeté comme étant manifestement mal fondé, en application de l'article 35 §§ 3 et 4 de la Convention.

141. – Il convient de signaler que sur ces questions, le juge administratif français s'avère, si l'on ose dire, sur la même longueur d'onde. Dans une affaire où le maire de Noisy-le-Grand s'était opposé à l'installation d'une antenne-relais à proximité d'une école, le Conseil d'État juge en 2012 qu'il n'existe en l'espèce aucun élément « de nature à établir l'existence, en l'état des connaissances scientifiques, d'un risque pouvant résulter, pour le public, de son exposition aux champs électromagnétiques émis par les antennes relais de téléphonie mobile[1] ». Il est possible d'y voir un refus d'appliquer le principe de précaution, constitutionnalisé en matière environnementale[2], qui signifie justement que l'absence de certitudes scientifiques sur la réalité d'un risque ne doit pas empêcher de prendre des mesures raisonnables en vue d'en prévenir la réalisation[3].

Le juge de l'UE s'est montré pour sa part beaucoup plus ouvert à l'application du principe de précaution en matière de santé, et ce à l'occasion de l'affaire de la vache folle. Il a jugé que la Commission européenne pouvait à titre transitoire édicter des interdictions d'exporter tout bovin et produit dérivé depuis le Royaume-Uni, dans un contexte d'incertitude quant aux risques présentés par la viande bovine contaminée. L'un des passages de sa décision rendue sur le sujet en 1998 présente les caractéristiques d'une formule de principe : « lorsque des incertitudes subsistent quant à l'existence ou à la

---

1. CE 30 janv. 2012, Société Orange France, RDI 2012 p. 327, obs. A. Van Lang.
2. Article 5 de la Charte de l'environnement. *Cf.* O. Cachard, Le droit face aux ondes électromagnétiques, Lexisnexis, 2016, n° 26s, qui souligne qu'il est artificiel de vouloir distinguer protection de l'environnement et protection de la santé humaine.
3. *Cf.* Regard critique sur les réticences envers le principe de précaution, JCP éd. E 2008, étude 2532 ; A.-S. Denolle, Le maire et la protection de l'environnement, thèse 2013, p. 89.

portée de risques pour la santé des personnes, les institutions [européennes] peuvent prendre des mesures de protection sans avoir à attendre que la réalité et la gravité de ces risques soient pleinement démontrées[1] ».

§ 2 Une prééminence limitée

142. – Les contentieux dans lesquels le droit à la protection de la santé est invoqué mettent la plupart du temps en jeu d'autres intérêts dont l'importance économique ou sociétale conduit à déséquilibrer la supposée pesée équitable des valeurs en présence. Comment la santé possiblement impactée de quelques-uns pourrait-elle faire le poids face à des préoccupations relevant de l'intérêt général[2] ?

143. – Dans les affaires où certaines communes avaient tenté de s'opposer à l'installation d'antennes-relais près de crèches ou de résidences de personnes âgées, le Conseil d'État a finalement écarté toute compétence des maires en la matière[3]. En 2011, il suspend ainsi un arrêté de la mairie de Bordeaux, en invoquant l'urgence de la suspension « eu égard, d'une part, à l'intérêt qui s'attache à la couverture du territoire national par le réseau de téléphonie mobile, d'autre part, aux intérêts de la société SFR[4] ». Il est donc impératif que la population puisse communiquer et que les géants de la communication puissent déployer leurs antennes…

Dans l'affaire Luginbühl précitée tranchée en 2006, alors que la Cour EDH disposait déjà de suffisamment d'éléments pour écarter toute violation de l'article 8 et ce malgré l'électrohypersensibilité de la requérante, elle glisse à la fin de sa décision que si la Suisse n'avait pas à prendre de mesures supplémentaires pour les personnes supposées plus vulnérables, c'est aussi eu égard « à l'intérêt porté par la société moderne pour un réseau de téléphonie mobile intégral ». Comment ne pas y voir une inéluctable hiérarchie des intérêts ?

---

1. CJCE 5 mai 1998, Royaume-Uni c/Commission. *Cf.* Ph. Icard, Le principe de précaution : exception à l'application du droit communautaire ?, RTDE 2002 p. 471.
2. Transposé à la vaccination, qu'importent les effets secondaires déclarés par certains si un vaccin, même peu efficace, sauve par ailleurs des vies, immunise la population et désengorge les services d'urgence ?
3. Il s'agit de préserver la compétence des autorités de l'État (ministre chargé des communications, Autorité de régulation des communications).
4. CE 26 oct. 2011, Société française de radiotéléphone, Dr. et patrimoine 2012, n° 94, p. 68, obs. B. Parance. Pour une bonne partie de la doctrine, c'est là « une application sage et rigoureuse du principe de précaution » (N. Reboul-Maupin, Rec. Dalloz 2012 p. 2128s).

144. – Déjà dans l'arrêt Hatton de 2003 relatif aux vols de nuit à l'aéroport d'Heathrow[1], la Cour EDH avait largement pris en compte, et fait triompher, les intérêts économiques privés et ceux de la société dans son ensemble, au détriment de la qualité de vie de huit requérants britanniques résidant sous les trajectoires d'approche de l'aéroport londonien. Il faut dire que les termes de l'article 8, § 2, de la Convention mentionnent un motif de restriction du droit au respect de la vie privée et du domicile que l'on ne retrouve pas dans les autres articles du texte européen : les autorités publiques peuvent imposer aux individus une ingérence qui s'avère nécessaire « au bien-être économique du pays[2] ». En l'espèce, des liaisons régulières au départ et à l'arrivée de la capitale anglaise répondent aux besoins et intérêts de l'industrie aérienne, ce que la Cour décide de confondre avec les « intérêts économiques du pays dans son ensemble », au motif que les vols aériens de nuit contribuent dans une certaine mesure à l'économie générale.

**Cour EDH 8 juill. 2003,
grande ch., Hatton c/Royaume-Uni**

121. Pour justifier la réglementation des vols de nuit, telle qu'elle est en vigueur depuis 1993, **le Gouvernement invoque non seulement les intérêts économiques des compagnies aériennes et autres entreprises et ceux de leurs clients, mais aussi, et surtout, les intérêts économiques du pays dans son ensemble.** Pour le Gouvernement, ces considérations font qu'**il est nécessaire d'empiéter,** au moins dans une certaine mesure, **sur les droits garantis aux personnes concernées par l'article 8.** La Cour observe que le second paragraphe de cette disposition autorise, entre autres, des restrictions nécessaires au bien-être économique du pays et à la protection des droits et libertés d'autrui. Il était donc légitime pour l'État de prendre en compte les intérêts économiques susmentionnés lorsqu'il a élaboré sa politique.

122. La Cour doit examiner si l'État peut passer pour avoir ménagé un juste équilibre entre ces intérêts et ceux, concurrents, des personnes victimes de nuisances sonores, tels les requérants. (…)

126. Quant aux intérêts économiques faisant contrepoids à l'opportunité de restreindre ou de supprimer les vols de nuit pour atteindre les buts susmentionnés, **la Cour juge raisonnable de présumer que ces**

---

1. Cour EDH 8 juill. 2003, grande ch., Hatton c/Royaume-Uni, RTDCiv. 2003 p. 761, obs. J.-P. Marguénaud.
2. *Cf. supra* n° 14.

vols contribuent, du moins dans une certaine mesure, à l'économie générale．Le Gouvernement a soumis à la Cour des rapports exposant les résultats d'une série d'enquêtes relatives à l'intérêt économique des vols de nuit qui ont été menées tant avant qu'après l'introduction du plan de 1993. Bien que ces documents ne renferment aucune indication précise du coût économique de la suppression de vols de nuit spécifiques, on peut en déduire qu'il existe un lien entre les liaisons aériennes en général et les vols de nuit. Le Gouvernement affirme notamment que certains vols en provenance d'Extrême-Orient ne peuvent arriver à Londres en journée qu'en décollant très tard dans la nuit, ce qui entraîne d'importants désagréments pour les passagers et, par contrecoup, une perte de compétitivité. **On peut aisément admettre l'intérêt économique qu'il y a à maintenir un plein service entre Londres et des pays lointains ; par ailleurs, il est difficile, voire impossible, de faire le départ entre les intérêts de l'industrie aérienne et les intérêts économiques du pays dans son ensemble. (...)**

127. Pour apprécier si l'État a ménagé ou non un juste équilibre en l'espèce, la Cour estime devoir prendre aussi en considération les mesures mises en place pour atténuer les effets du bruit généré par les aéronefs d'une manière générale, y compris pendant la nuit. Un certain nombre de ces mesures ont été mentionnées (...). **La Cour** relève en outre que les requérants ne contestent pas réellement l'affirmation du Gouvernement selon laquelle le bruit nocturne n'a pas d'incidence négative sur les prix de l'immobilier dans les lieux où ils résident. Elle **juge** par ailleurs **raisonnable de prendre en compte, pour déterminer les répercussions d'une politique générale sur des individus domiciliés dans un lieu particulier, la mesure dans laquelle les intéressés ont la possibilité de quitter cet endroit.** Lorsqu'un nombre restreint de personnes dans un lieu (2 à 3 % de la population touchée, selon l'étude de 1992 sur le sommeil) pâtissent particulièrement d'une mesure générale, le fait qu'elles peuvent déménager, si elles le choisissent, sans subir de perte financière est un élément de poids dans l'appréciation du caractère globalement raisonnable de la mesure en question.

129. Dans ces conditions, **la Cour estime qu'en définitive les autorités n'ont pas dépassé leur marge d'appréciation dans la recherche d'un juste équilibre entre, d'une part, le droit des personnes touchées par la réglementation litigieuse à voir respecter leur vie privée et leur domicile, et, d'autre part, les intérêts concurrents d'autrui et de la société dans son ensemble.**

PAR CES MOTIFS, LA COUR

(...) Dit, par douze voix contre cinq, qu'il n'y a pas eu violation de l'article 8 de la Convention (...).

On signalera que dans une opinion dissidente commune, cinq juges de la Cour ont critiqué[1] la conclusion de l'arrêt Hatton sur le terrain de l'article 8. D'une part, ils regrettent que le «droit au sommeil» ait été mis au second plan, au profit d'un «intérêt économique très général». D'autre part, ils soulignent que le gouvernement britannique n'a nullement démontré l'impact économique défavorable qui découlerait de mesures qui limiteraient les vols de nuit. Cela met en lumière une distorsion sur le terrain de la preuve, puisque les victimes ont dû, elles, établir l'impact de ces vols sur leur santé. Le combat est inégal.

Opinion dissidente commune à cinq juges, jointe à l'arrêt Hatton du 8 juill. 2003 (extraits)

16. En principe, la référence générale au bien-être économique du pays ne suffit pas à justifier le fait que l'État n'a pas protégé les droits d'un requérant sur le terrain de l'article 8. À titre d'exemple, dans l'affaire *Berrehab c. Pays-Bas* (arrêt du 21 juin 1988, série A n° 138), la Cour a estimé que le bien-être économique allégué du pays ne pouvait justifier les mesures prises par les autorités néerlandaises. (...)

17. Nous pourrions certes approuver l'arrêt lorsqu'il précise que « la Cour doit examiner si l'État peut passer pour avoir ménagé un juste équilibre entre ces intérêts [c'est-à-dire les intérêts économiques du pays] et ceux, concurrents, des personnes victimes de nuisances sonores » (paragraphe 122 de l'arrêt), mais le juste équilibre entre les droits des requérants et les intérêts de la communauté dans son ensemble doit être maintenu. **La marge d'appréciation de l'État se trouve réduite en raison du caractère fondamental du droit au sommeil, lequel ne peut passer au second plan que pour des besoins réels et impérieux (sinon urgents) de l'État.** D'ailleurs, le rôle subsidiaire de la Cour, qui se reflète dans l'emploi de la « marge d'appréciation », devient de plus en plus marginal s'agissant d'une constellation de questions telles que le rapport entre la protection du droit au sommeil en tant qu'aspect de la vie privée et de la santé d'une part, et l'intérêt économique très général d'autre part.

---

1. Ils regrettaient que n'ait pas été suivie la solution de l'arrêt de chambre rendu dans l'affaire Hatton en 2001 (Cour EDH 2 oct. 2001, RJE 2002 p 171, obs. S. Nadaud), qui avait conclu que les «modestes» initiatives prises par le gouvernement britannique pour atténuer les nuisances sonores nocturnes ne pouvaient passer pour constituer «les mesures nécessaires» pour protéger les requérants.

> **18.** Comme nous l'avons indiqué ci-dessus, **des motifs économiques se référant au « pays dans son ensemble » sans aucune « indication précise du coût économique de la suppression de vols de nuit spécifiques »** (paragraphe 126 de l'arrêt) **ne sont pas suffisants.** De surcroît, **l'État défendeur n'a pas démontré** comment et **dans quelle mesure un plan plus drastique visant à limiter les vols de nuit**, à les réduire de moitié, ou à les supprimer **détériorerait la situation économique.**

145. – Le droit à la protection de la santé ne peut finalement sortir gagnant de sa confrontation avec les droits d'autrui qu'en l'absence d'intérêts économiques importants et si les juges peuvent prendre le parti de la santé de la victime sans bouleverser l'économie nationale. Cela est encore plus vrai lorsque les droits élémentaires de la personne ont clairement été sacrifiés et que celle-ci a été victime à cette occasion d'une discrimination fondée sur son état de santé. Une affaire I.B. c/Grèce, tranchée en 2013, fournit ici une illustration presque caricaturale.

Un salarié séropositif mais asymptomatique est licencié de son entreprise de fabrication de bijoux, à la suite de la pression exercée par ses collègues sur la direction (ils menaçaient de perturber le fonctionnement de l'entreprise si le salarié conservait son poste). La Cour de cassation grecque juge le licenciement justifié, estimant que l'employeur pouvait légitimement rétablir le calme au sein de l'entreprise. Cela revient à sacrifier la protection due au salarié, partie faible au contrat de travail, et de surcroît ici séropositif[1]. La Cour EDH y voit à l'unanimité des sept juges une violation de l'article 14 (interdiction des discriminations) combiné avec l'article 8. Les intérêts de l'employeur ne méritaient pas de l'emporter, d'autant que le juge interne avait assimilé au bon fonctionnement de l'entreprise la perception erronée de salariés victimes de leurs préjugés et de leur ignorance (ils croyaient au caractère contagieux de la séropositivité du requérant malgré le discours tenu par la médecine du travail).

---

1. Arguments de la Cour d'appel pour juger le licenciement injustifié. Elle avait aussi estimé que l'existence même de l'entreprise n'était pas menacée par les pressions des autres salariés.

**Cour EDH 3 oct. 2013,
I.B. c/Grèce**

85. Examinant les faits de l'espèce, **la Cour constate, d'une part, que l'employeur du requérant a mis fin au contrat de celui-ci à cause de la pression dont il a fait l'objet de la part de ses employés et que cette pression avait pour origine la séropositivité du requérant et l'inquiétude que celle-ci avait créée chez eux.** Elle relève, d'autre part, que **les employés de l'entreprise avaient été informés par le médecin du travail qu'il n'y avait aucun risque d'infection** dans le cadre des relations de travail avec le requérant.

88. (…) la **Cour de cassation** n'a pas procédé à une mise en balance de tous les intérêts en jeu d'une manière aussi circonstanciée et approfondie que l'avait fait la cour d'appel. Par des motifs assez brefs, au regard de l'importance et du caractère inédit des questions de l'affaire, elle **a affirmé que le licenciement était pleinement justifié par les intérêts de l'employeur**, dans le bon sens du terme, car il avait été décidé afin de rétablir le calme au sein de l'entreprise ainsi que son bon fonctionnement. Si la Cour de cassation n'a pas non plus contesté le fait que l'infection du requérant n'avait pas d'effet préjudiciable sur l'exécution de son contrat de travail, elle a cependant fondé sa décision, pour justifier les craintes des salariés, sur une prémisse manifestement inexacte, à savoir le caractère « contagieux » de la maladie du requérant. Ce faisant, **la Cour de cassation a attribué au bon fonctionnement de l'entreprise le sens que souhaitaient lui attribuer les salariés en l'identifiant à la perception subjective de ceux-ci.**

90. En conclusion, **la Cour considère que la Cour de cassation n'a pas suffisamment exposé pourquoi les intérêts de l'employeur du requérant l'emportaient sur ceux du requérant et qu'elle n'a pas mis en balance les droits des deux parties d'une manière conforme à la Convention.**

91. Il s'ensuit que **le requérant a été victime d'une discrimination fondée sur son état de santé,** au mépris de l'article 14 de la Convention combiné avec l'article 8. Il y a donc eu violation de ces dispositions.

Ouvrages de référence

J. Andriantsimbazovina, *La Cour européenne des droits de l'Homme*, Dalloz, 2024.

V. Barbé, *Droit des libertés fondamentales*, Gualino, 6e éd., 2024.

A. Batteur et *alii*, *Les grandes décisions du droit des personnes et de la famille*, LGDJ, 2e éd., 2016.

R. Bernard-Menoret et *alii*, *Le grand oral, les droits et libertés fondamentaux*, Ellipses, 2e éd., 2020

X. Bioy, *Droits fondamentaux et libertés publiques*, LGDJ, 8e éd., 2024.

L. Burgorgue-Larsen, *La Convention européenne des droits de l'homme, commentaire article par article*, LGDJ, 4e éd., 2024

R. Cabrillac et *alii*, *Libertés et droits fondamentaux*, Dalloz, 30e éd., 2024.

X. Dupré de Boulois et *alii*, *Les grands arrêts du droit des libertés fondamentales*, Dalloz, 4e éd., 2023.

L. Favoreu et *alii*, *Droit des libertés fondamentales*, Dalloz, 4e éd., 2007 ; 8e éd., 2021.

F. Krenc, *Une Convention et une Cour pour les droits fondamentaux, la démocratie et l'état de droit en Europe*, éd. Anthemis, 2023.

J.-P. Marguénaud, *La Cour européenne des droits de l'homme*, Dalloz, 7e éd., 2016.

J.-F. Renucci, *Droit européen des droits de l'homme, droits et libertés fondamentaux garantis par la CEDH*, LGDJ, 9e éd., 2021.

F. Sudre et *alii*, *Les grands arrêts de la Cour européenne des droits de l'homme*, PUF, 10e éd., 2022.

R. Tinière, *Droit des libertés fondamentales en 9 thèmes*, Dalloz, 2024.

Index de la jurisprudence

Seules sont mentionnées ici, par ordre chronologique et sans distinction de juridictions, les décisions reproduites (sous forme d'extraits) au fil des développements. Les numéros renvoient aux paragraphes.

Tribunal civil de la Seine, 22 janv. 1947, Dame Burdy : 66

Cour EDH 18 juin 1971, De Wilde, Ooms et Versyp c/Belgique : 91

Cass. Ass. plénière, 19 mai 1978, Dame Roy : 92

Cour EDH 22 oct. 1981, Dudgeon c/Royaume-Uni : 21

Civ. 1°, 29 oct. 1990, La dernière tentation du Christ : 74

Cass. Ass. plénière, 31 mai 1991, n° 90-20.105 : 94

Cour EDH, 26 sept.1995, Vogt c/Allemagne : 85, 86

Cour EDH 19 févr. 1997, Laskey et autres c/Royaume-Uni : 91

Cour EDH 11 juill. 2002, Goodwin c/Royaume-Uni : 25, 47

Cour EDH 28 janv. 2003, Peck c/Royaume-Uni : 86

Cour EDH 8 juill. 2003, Hatton c/Royaume-Uni : 144

Cass. Ass. plénière, 23 janv. 2004, SCI Le Bas Noyer : 57

Cour EDH 30 nov. 2004, Öneryildiz c/Turquie : 18

Cour EDH 13 sept. 2005, Ostrovar c/Moldavie : 134

Cour EDH 6 oct. 2005, Maurice c/France : 58

Cour EDH 10 nov. 2005, Leyla Sahin c/Turquie : 121

Cour EDH 17 janv. 2006, Luginbühl c/Suisse : 140

Civ. 1°, 24 janv. 2006, n° 02-13.775 : 58

Cour EDH, 29 juin 2006, Öllinger c/Autriche : 86

Cour EDH 10 avril 2007, Evans c/Royaume-Uni : 78

Cour EDH, 15 nov. 2007, Khamidov c/Russie : 87

Cour EDH 18 déc. 2007, Marini c/Albanie : 80

Cour EDH 30 juin 2009 Aktas c/France : 120

Cour EDH, grande ch., 1er juin 2010, Gäfgen c/Allemagne : 1

Cour EDH 21 oct. 2010, Alekseyev c/Russie : 24

Cour EDH, grande ch., 18 mars 2011, Lautsi c/Italie : 118

Cass. Ass. plénière, 15 avr. 2011, n° 10-30.313 : 64

Cour EDH 28 juin 2011, Ligue des musulmans c/Suisse : 30

Cour EDH, grande ch., 13 juill. 2012, Mouvement Raëlien suisse c/Suisse : 80

Cour EDH 8 janv. 2013, Torreggiani et autres c/Italie : 37

Cour EDH 14 mars 2013, Eon c/France : 112

Cour EDH 3 oct. 2013, I.B. c/Grèce : 145

Cour EDH 5 déc. 2013, Vilnes c/Norvège : 135

CE (réf.) 9 janv. 2014, Ministre de l'intérieur c/Dieudonné : 76

Civ. 1°, 20 mars 2014, Le Pen c/Gerra : 111

Cour EDH 26 juin 2014, Mennesson c/France : 39

Cour EDH 1er juill. 2014, S.A.S. c/France : 16

Cour EDH 5 juin 2015, Lambert et autres c/France : 23

Cour EDH 20 oct. 2015 M'Bala M'Bala (Dieudonné) c/France : 114

Cour EDH 26 nov. 2015, Ebrahimian c/France : 78

Cour EDH 1er déc. 2015 Cengiz et autres c/Turquie : 30

CE (réf.) 26 août 2016, Ligue des droits de l'homme et autres : 126

Cour EDH 10 janv. 2017, Osmanoglu et Kocabas c/Suisse : 127

CJUE 14 mars 2017, Asma Bougnaoui : 43

Cass, Soc. 22 nov. 2017, Asma Bougnaoui : 43

Cour EDH 6 févr. 2018, Calancea c/Moldavie : 139

Cour EDH 13 mars 2018, Stern Taulats et Roura Capellera c/Espagne : 108

Cour EDH 25 oct. 2018 Sabaditsch-Wolff c/Autriche : 115

Civ. 1°, 7 nov. 2018, n° 17-25.938 : 55

Cass. Ass. plénière, 4 oct. 2019, Mennesson : 39

Cour EDH 17 oct. 2019, Lopez Ribalda c/Espagne : 91

Cass. Ass. plénière, 25 oct. 2019, Le Pen c/Ruquier : 110

Cour EDH 5 nov. 2020, Le Mailloux c/France : 30

Civ. 1°, 6 janvier 2021, n° 19-21.718, Bernard Preynat : 103

Civ. 1re, 2 févr. 2022, n° 20-16.040, Association Red Pill : 63

Civ. 1°, 2 mars 2022, n° 20-20.185, Sarah A. : 123

Cour EDH 4 oct. 2022, Mortier c/Belgique : 12

Cour EDH 13 oct. 2022,
   Bouton c/France : 108

Crim. 13 déc. 2022, n° 22-82.189,
   Macron c/Flori : 112

Cour EDH 20 déc. 2022,
   Zemmour c/France : 115

Cour EDH, 17 janv. 2023,
   Fetodova c/Russie : 24

CC 27 oct. 2023, Association Meuse
   nature environnement : 4

Cour EDH 9 avr. 2024, Verein
   Klimaseniorinnen Schweiz
   et autres c/Suisse : 4

Civ. 1°, 10 juill. 2024, n° 22-23.170,
   Association Vegan impact : 103

Cour EDH 25 juill. 2024, M.A.
   et autres c/France : 16

Cour EDH 27 août 2024,
   Bielau c/Autriche : 133

Index thématique

Les numéros mentionnés renvoient aux numéros de paragraphes.

Arrangement amiable : 34

Arrêt pilote : 37

Avis consultatif : 39

Avortement : 77, 108

Blasphème : 115

Burkini : 125s

Burqa : 16

Charte des droits fondamentaux de l'UE : 41s, 88

Contrôle de conventionnalité : 53s

Contrôle de proportionnalité : 86s, 101s

Débat d'intérêt général : 108, 112s

Dénominateur commun européen : 16

Dignité : 25, 75s, 95, 110

Droit à la vie : 12, 18, 23

Droit à un environnement sain : 4, 19

Droit de grève : 62, 73

Droits conditionnels : 14

Droits de l'homme (générations) : 2s

Droits fondamentaux : 6

Droits intangibles : 11

Effet direct : 59s

Effet horizontal : 65s

Épuisement des voies de recours internes : 31

Euthanasie : 12

Garde à vue : 64

Gestation pour autrui : 22, 39, 94

Handicap : 58

Laïcité : 78, 102

Liberté d'entreprendre : 52

Liberté matrimoniale : 92, 100

Loi pénale : 45, 47

Marge nationale d'appréciation : 20s

Obligations positives : 18

Précaution (principe) : 141

Présomption d'innocence : 103

Procès équitable : 57

Procréation médicalement assistée : 23, 78

Prostitution : 16, 77

Renvoi préjudiciel : 43

Sadomasochisme : 91

Santé : 4, 30, 54, 88, 103, 129s

Subsidiarité : 20

Télé-réalité : 93

Torture ou traitement inhumain : 1, 13, 37, 134, 136

Traditions constitutionnelles communes : 40, 48

Transsexualisme : 25, 47s

Vaccination : 132s

Victime (qualité) : 30

Vidéosurveillance : 86, 91, 102

Voile : 43, 78, 119s